成为科学家

腾讯青年发展委员会 著
［瑞典］尼克拉斯·埃尔梅赫德（Niklas Elmehed）绘

中信出版集团 | 北京

图书在版编目（CIP）数据

成为科学家 / 腾讯青年发展委员会著 . -- 北京：中信出版社，2021.5（2026.1 重印）
ISBN 978-7-5217-2966-5

Ⅰ . ①成… Ⅱ . ①腾… Ⅲ . ①科学家—生平事迹—世界—青少年读物 Ⅳ . ① K816.1-49

中国版本图书馆 CIP 数据核字（2021）第 050131 号

成为科学家

著　　者：腾讯青年发展委员会
绘　　者：［瑞典］尼古拉斯·埃尔梅赫德
出版发行：中信出版集团股份有限公司
（北京市朝阳区东三环北路 27 号嘉铭中心　邮编　100020）
承 印 者：北京利丰雅高长城印刷有限公司

开　　本：889mm × 1194mm　1/24　　印　　张：12.75　　字　　数：214 千字
版　　次：2021 年 5 月第 1 版　　印　　次：2026 年 1 月第 10 次印刷
书　　号：ISBN 978-7-5217-2966-5
定　　价：69.00 元

名人推荐

即便是在这个相对浮躁的时代，成为科学家依然是很多青少年的梦想。科学家的职业虽然自带光环，但科学研究的道路并不平坦。要引导孩子们学科学、爱科学、用科学，最好的办法是从科学家中寻找榜样。这本书告诉我们，并不是只有绝顶聪明的人才能成为科学家。对科学问题保持专注、长期坚持目标不动摇、关注研究过程而非结果，是成为杰出科学家的必备品质。

——郑永春　中国科学院国家天文台研究员、教科版义务教育《科学》教材主编、卡尔·萨根奖获得者

有卓越成就的人往往有不同的思维方式。思维方式决定我们在“两难”的时候如何选择。这本书或许能让你对科学家的内在世界有所了解，帮助你找到自己的“金矿”。

——李一诺　一土教育联合创始人

这本书收录了十篇中外知名科学家的人物特写，用质朴有力的文字分别向我们展现了顶尖科学家的成长故事及经历。华罗庚、陈景润等科学家的故事给我的童年埋下了科学的种子，我相信这本书传递的内容不仅搭建了一座科学家与大众之间的桥梁，也为大小朋友们带来了新的启发。

——姬十三　果壳网首席执行官

今天中国社会的很多问题归根结底都是由科学精神缺失造成的。应该充分认识弘扬科学精神在中国的必要性、长期性和艰巨性，中国的文化进步和文化创造应该包括大力弘扬科学精神。在全社会尤其是广大青少年群体中弘扬科学精神以及传播科学思想，功在当代，利在千秋。

——刘亚东　南开大学新闻传播学院院长，科技日报社原总编辑

我从少年时期就爱看科学作品，这个爱好贯穿了我的人生，为我积累了宝贵的知识财富，激励了我的探索精神。我衷心希望这本书能帮助青少年读者早日叩响人生的兴趣之门。也许将来只有少数人会成为科学家，但只要具备了科学家身上那种专注与投入的精神，便拥有了通向成功与幸福的法宝。

——严锋　复旦大学教授，科学杂志《新发现》荣誉主编

一众科学明星谱，一本奋进励志书，一部创新启示录。精彩呈现顶尖科学家追逐梦想、求真探索、勇攀高峰之路，翔实记述他们科学人生的苦涩甘甜、教训经验，堪称青少年锤炼理性思维、培养科学精神的理想读物。

——尹传红　中国科普作家协会副理事长，《科普时报》原总编辑

科学家也是人，只是他们的工作与公众不同。这十位中外科学家的精彩故事，相信不搞科研的人看了也会深受启发。

——赵永新　《人民日报》高级记者

这些科学家把我们带进了一扇通往未来的大门。

——韩松　科幻作家

10 位中外杰出科学家，领域不同，背景多样，性格迥异，但他们的故事无一例外都充满力量和温度。在这些故事里，我们不再只是看到“科学家”这千篇一律的标签，而是可以体会他们的喜悦和困惑，感受他们追求真理的热情、战胜困难的勇气和取得突破的满足，这些都是研究科学、探索未知的意义。热爱科学的读者阅读这本书的时候，无疑也在享受一顿精神盛宴。

——鞠强　中国科学技术出版社科学人文分社副社长、中国科普作家协会会员

从小让孩子认识这些科学家，了解他们的故事，科学启蒙自然不在话下，他们大胆探索、求真的科学精神非常值得我们学习。在科技高速发展的今天，从小培养孩子的科学思维已经是一门必修课。科学，无疑是帮助孩子解决这些问题、探索和改造世界的最佳工具，相信这本书会带给读者不一样的启发。

——张华　少年商学院创始人兼 CEO

阅读塑造孩子的精神世界。从小读科学家的故事，让那些胸怀远大理想、历经至暗时刻也不轻言放弃的科学家帮助孩子塑造精神底色。

——邓瑾　博雅小学堂联合创始人

目录

凭借对青蒿素研究的突出贡献，屠呦呦实现了自然科学领域中国本土科学家获诺贝尔奖零的突破。她的青蒿素发现之旅验证了在极端艰苦的环境中，科学家所能达到的极限。

2

钟南山

敢 医 敢 言

“共和国勋章”获得者钟南山已经84岁，但仍然坚持在一线问诊。在他看来，无论获得过多少荣誉，自己仍然是一个“看病的大夫”。他常说：“我们要讲真话，对得起病人。”

3

张益唐

数 学 天 才 和 他 孤 独 的 二 十 年

58岁时，因在“孪生素数猜想”的黑暗探索中迈出革命性的一步，张益唐轰动数学界。他生活在纯粹的数学世界里，只要愿意，大脑可以关掉向外的触角，深潜进数学的世界。

4

王贻芳

寻 找 最 后 的 秘 密

王贻芳是首位获得“基础物理学突破奖”的中国科学家。年少时他并没有成为科学家的强烈冲动，但后来的经历塑造了他，使他执着而坚韧。“做这件事，就天天在琢磨怎么把这个事做到最好。”

5

常进

暗 物 质 “ 猎 手 ”

在探寻暗物质的道路上，国家天文台台长常进走了将近 20 年。由他主导的中国第一颗科学探索卫星“悟空号”发射升空，又是新的希望、新的开始。他常说：“要对得起国家，对得起自己。”

6

鲍哲南

好 奇 心 改 变 世 界

发明人造皮肤、柔性电子纸的材料化学家鲍哲南从小就喜欢提问题、爱思考。创造一种全新的、见所未见的事物，这也是她眼中化学的魅力。

7

颜宁

独 属 于 科 学 家 的 奖 赏

在世界级结构生物学家颜宁的科研生涯中，她不止一次地“挑最难的那个”。她说：“有能力登上珠穆朗玛峰的人不应该去爬玉龙雪山。”

8

许晨阳

天 才 的 责 任

由许晨阳发展的代数 K-稳定性理论被证明是孕育新发现的沃土。在他看来，“不是每个人都有数学天赋，如果数学天赋降临到某些人身上，他就有责任去推动这个事业的发展”。

9

丽莎·兰道尔

恐 龙 灭 绝 、 歌 剧 和 粒 子 物 理

凭借众多充满想象力的研究，丽莎 · 兰道尔成为粒子物理学、宇宙学等领域的顶尖科学家，她希望所有人知道，也有女性走在这个领域的研究前列，而且取得了卓越的成果。

10

马克·麦考林

从褐矮星返回地球

对欧洲航天局科学与探索高级顾问马克·麦考林来说，每个新发现都让他激动不已，强烈地感到自己作为人类的一员，与宇宙中的某些事物产生了连接——这是宇宙给充满激情的人的独特奖赏。

推荐序 1

中国建设科技强国的希望在青少年

第十一届全国政协副主席、中国科学院院士　王志珍

习近平主席在 2018 年 5 月 28 日的两院院士大会开幕会上的讲话犹在耳际：“当科学家是无数中国孩子的梦想，我们要让科技工作成为富有吸引力的工作、成为孩子们尊崇向往的职业，给孩子们的梦想插上科技的翅膀，让未来祖国的科技天地群英荟萃，让未来科学的浩瀚星空群星闪耀！”①

知名高科技互联网公司腾讯为弘扬科学家精神，引导青少年以科学为追求、以科学家为榜样，励志向上，支持出版青少年科普图书《成为科学家》。这是腾讯践行“科技向善”使命的又一有力举措，为中华民族的伟大复兴贡献力量，对纠正当前教育现状中潜藏的偏见和扭曲、消除社会风气中的浮躁大有裨益。

通过深度采访，《成为科学家》讲述了 10 位国际知名科学家的“传奇故事”。他们来自不同的国家——中国、英国、美国，成长于不同的年代，家庭

① 参见 https://baijiahao.baidu.com/s?id=1601693741518048266&wfr=spider&for=pc

背景各异——父母是教授、农民、自由职业者或职员，所受教育和职业生涯也各不相同……但作为科学家，他们有共同的特点，就是从小对世界抱有无限的好奇心、求知欲和想象力，他们对科学爱到“沉醉”“痴迷”“疯狂”……

然而，用今天的标准来看，他们似乎属于输在起跑线上的那一拨，没有额外接受过任何辅导，只是自然地遵从着兴趣，秉持着勤奋，坚持做自己最喜欢的事情，并在此过程中创造着奇迹。

我一口气读完了全书的 10 个故事。显然，写作者对科学有相当强的理解力，熟悉科研领域的人和事，并以实事求是的科学原则来写作，因此书中对科学家的描述非常真实，没有任何乔装、粉饰、矫情。他们确是我们认识的同行，当然他们是佼佼者，是我们当中头脑最聪明、心灵最透明、生活最有质量、贡献最无私的科学人。

《成为科学家》在写人的同时，有机地揉进了他们从事的学术研究，由此向读者做了药学、医学、粒子物理学、结构生物学、天文学、数学、材料化学等领域相关知识的普及和前沿成果的介绍，极具可读性。我尤其喜欢写作者对主人公青少年时代学习和后来从事科学研究的心灵历程，特别是他们的科学人生与大自然和大社会的碰撞交融的剖析，给读者留下许多思考的空间，对青少年的引导是有深度的。

阅读中，我品到了他们作为科学家的信念、责任、追求、气魄……

1. 因发明治疗疟疾新药青蒿素而成为中国本土第一位获诺贝尔生理学或医学奖的屠呦呦，获奖后恳求领导：“就到这儿吧，我不习惯这些场面上的事，咱们加紧青蒿素的研究工作吧。”

2. 中华人民共和国最高荣誉勋章“共和国勋章”的获得者钟南山，在抗击“非典”和“新冠肺炎”的斗争中，被国人誉为“英雄”“国士”，他敢医敢言：“我们要讲真话，对得起病人。”

3. 58岁，因在“孪生素数猜想”的黑暗探索中实现“从无到有”、发出了第一道光芒而震惊整个数学界的张益唐说：“我对物质、对金钱没有看得那么重。按一般人来讲，我是过得很惨，但我觉得，不是很好吗？”

4. 主导大亚湾反应堆中微子实验、首次发现中微子的第三种振荡模式的王贻芳，他的发现可视为新中国成立以来最重大的实验物理成就。王贻芳说：“你伸手够得着的事就别做了，你跳起来够但还摸不着的高度，要把目标定在那里，然后你去攻关。”

5. 农家出身、什么农活都干过的常进主导了中国第一颗科学探索卫星“悟空号”的发射升空，预示了属于中国人的空间科学时代已经到来。常进说：“唯有读书才能改变命运。”“要对得起国家，对得起自己。”

6. 发明人造皮肤、柔性电子纸的材料化学家鲍哲南说：“我觉得工作对我是一种追求，但家庭对我更重要。”她每天早晨给两个孩子做早餐，准备午餐的饭盒。鲍哲南的生活安排也许值得女科学家们借鉴。

7. 因攻克了前辈科学家们过去50年毫无进展的人源葡萄糖转运蛋白结构研究而广受赞誉的颜宁，是一个永远致力于检验自己的边界在哪里的人。她认为：“有能力登上珠穆朗玛峰的人不应该去爬玉龙雪山。”“为什么要去做那个次等的，而不是那个最重要的？就直接一招毙命，拼了。”

8. 因运用极小模型纲领解决了“K–稳定性猜想”，被视为数学界“冉冉升起的新星”的许晨阳认为研究数学的责任一直在召唤他。他说：“不是每个人都有数学天赋，如果数学天赋降临到某些人身上，他就有责任去推动这个事业的发展。”“对我个人来讲，我应负的责任就是要做好的、纯粹的、对得起自己的数学。”
9. 出生在销售员和小学教师家庭的理论物理学家丽莎·兰道尔提出的给予五维空间独特几何属性的“兰道尔–桑德拉姆模型”被看作理论物理学界近20年来最有影响力的成果之一。当今时代，集科学家、艺术家、作家、音乐家之名于一身的人极其罕见，而丽莎正自如地穿梭遨游在自然科学和人文科学之间。
10. 当过童子军、火神轰炸机飞行员、红外天文学领域的泰斗、欧洲航天局科学和探索高级顾问的马克·麦考林面对全球性反科学浪潮，决心投身于向全球传播科学精神的事业，建立公众对科学和真理的信念，“做那些让你充满激情的事”。

这是10个神奇的故事，却是我们中的真人真事。我竭力向青少年以及他们的家长推荐这本书。细细品味其中的道理，深思这些传奇科学家的成长背景、曲折历程，会给孩子们一个正确的引导。社会需要从事各种行业的各种人才，我们每个人的兴趣也都不一样，因此做自己喜欢的、擅长的事，充分发挥自己的长处，才是正道。

当然，不管从事什么行业，多学一点儿科学知识是非常必要的，具备科学精神有助于我们更理智地对待社会问题、对待生活。让我们从这些科学家不平凡的理想追求却又平凡的愉快辛勤中汲取精神养分。

我们正处在中华民族伟大复兴的时代，科学技术从未像今天这样深刻影响着国家的前途和命运，也从未像今天这样深刻影响着人民的生活福祉。中国要强盛、要复兴，就一定要大力发展科学技术，建设科技强国。

青少年是祖国的前途、民族的希望、创新的未来。未来属于你们！

推荐序 2

科学为理想插上翅膀

南方科技大学校长、中国科学院院士　薛其坤

青年兴则国家兴，青年强则国家强。很高兴能有机会为《成为科学家》作序，和青少年朋友用文字交流。我殷切地期望看到这本书的青少年朋友更多地去了解科学、热爱科学、崇尚科学，将科学融入人生选择和未来理想，成为国家栋梁。

选择投身科学其实就选择了一种与众不同的人生。我 1963 年出生于山东沂蒙山区，在山东大学读本科的时候就对科学研究产生了浓厚的兴趣，为了进一步夯实科学研究的基础，毕业后我决定考研，但连续失利，直到第三次才成功，别人的博士读 5 年，一般最多 6 年就可以毕业了，而我读了 7 年……像这样的挫折还有很多，但它们并没有让我放弃追求科学研究的理想，反而使我养成了仔细认真的科研习惯和韧性，使我的人生更加丰富。

在我还未真正了解科学之前，我和大家一样觉得科学遥不可及、高不可攀；当我慢慢走进科学，逐渐发现科学世界美妙迷人、引人入胜；当我深入钻研探索科学问题时，我深刻体会到了科学充满乐趣、其味无穷。

沉浸在科学研究中的感觉非常奇妙和充实。我常常因科学实验、科学分析而忘记时间，忘记烦恼，这是科学研究最吸引我的地方。任何一个小问题得到解决、一个小实验得到改进都会带来实实在在的收获感，这种感觉快乐而充实。

一些不了解科学家的人可能会认为科学家的生活单调而乏味，但如果有机会了解他们，你会发现这个头衔下的人和从事其他职业的人一样，每个人都很有特点，很难用一个词来形容。正如这本书中描述的，科学家的性情不一、爱好各异，天赋也有差别，他们中有一度迷茫、荒废学业的“叛逆少年”，也有高考折戟、就业不顺却大器晚成的，或是从小兴趣明显、目标明确，或是顺其自然、物来顺应，还有的爱好广泛、乐于参与社会事务……科学家的成功不可复制，但他们专注、执着的特质或许能给各位读者带来一些启发。

经常有青少年朋友和我交流，说自己长大后想成为科学家，问我现在他应该怎么做。我个人认为成为科学家至少要做好以下三个方面。

一是要做好人，打好“人生底色”。我们需要从小学会和自然、他人、自己相处，善于发现和学习别人的长处和优点，对社会充满爱、对他人充满善心，带着大爱追寻科学。

二是要勤奋、执着、专注。我们每个人的天赋不尽相同，你身边有的同学可能在很多方面表现得比你更有天赋，但请你不要有太大落差，人和人之间的很多差距可以用后天的认真、勤奋和努力来弥补。

三是要夯实基础知识。人的成长需要知识的不断滋养，要多学一些感兴趣的知识。不要过早为将来投身哪个领域而焦虑，等你逐渐成熟后，会有更加明确的想法，各方面丰富的知识储备可以帮你做出选择和判断。

投身科学很像是一场探险，肯定会遇到困难和挑战，但只要善于发现和钻研，勇敢向前，一定会到达别人无法企及的“远方”，看见别人无法欣赏的“风景”。

习近平总书记在给“本禹志愿服务队”的回信中说：“青年一代有理想、有担当，国家就有前途，民族就有希望。”[①] 希望阅读了这本书的青少年朋友中涌现更多热爱科学的人，让科学为理想插上翅膀，潜心投身科学研究，让我们的国家因科技更强大，让我们每个人因科技更幸福。

① 参见 http://www.xinhuanet.com/politics/2013-12/05/c_118437252.htm

序言

星光照耀逐梦路

腾讯公司董事会主席兼首席执行官　马化腾

肉眼未见的微生物新冠病毒引发了百年未现的全球疫情，给人类经济社会带来意想不到的冲击。这提醒我们，在浩瀚的宇宙中，人类对自身与自然的认知依然有限，只有不懈地探索未知，我们才能更好地应对未来的挑战。科学家是人类探索自然奥秘的领路人，今天肩负着更加重要的时代使命和责任。

当然，探索未知世界，往往要求科学家拥有超乎常人的勇气、智慧和专注。科学家的种种特质从何而来？他们的想象力与好奇心如何在成长中被鼓励与呵护？在面对困难和困惑时，他们做出什么抉择和行动？《成为科学家》一书，经过深度访谈等努力，生动再现了老中青三代、十位中外科学家的人生故事。这本书希望为普通读者，特别是青少年及其父母，走近科学家群体的真实生活，了解他们的成长经历，提供更多线索和启发。

当今世界正经历“百年未有之大变局”。身处新一轮科技与产业革命的浪潮之巅，我们更深切地感到，提升科学技术原始创新能力，对中国新发展格局下的高质量发展意义非凡，对中华民族的伟大复兴何等重要。作为以互联网为基础的科技和文化公司，腾讯有责任把“向下扎根”的工作做深入，真正营造良好的创新土壤，滋养基础研发和前沿探索，让原始创新在中国深深扎根，从而把应用创新的“地基”打得更深更牢靠，同时激发更多社会价值创新。

这本小书在 2020 年疫情期间应运而生。书中多数科学家克服了种种困难，百忙中抽出时间接受深度访谈。所有科学家及其团队都在第一时间仔细阅读了初稿。王志珍副主席和薛其坤校长还亲自为这本书写作了序言。在此，我要向大家表示由衷的敬意和感谢！在这些付出中，我们也能感受到科学家的人格魅力和奉献精神。

这本书与“腾讯青少年科学小会”等科普活动，以及每年 11 月的“腾讯科学周”系列活动，可以说一脉相承。一方面，我们希望帮助从事基础科学研究的青年科学家，让他们在寻求创新又尚未最终突破的“爬坡期”得到雪中送炭的帮助，可以心无旁骛地继续攀登科学高峰；另一方面，我们希望向公众展现“科学的世界”与“世界的科学”，让科学家走到聚光灯下，成为公众特别是孩子们眼中的“明星”，让更多人受到科学精神的感召。

很多同龄人和我一样，小时候都梦想成为一名科学家。我们希望，今天有更多的青少年能够把“成为科学家”作为自己的梦想，把科学探索视为新时尚，愿意将科学精神发扬光大。天才往往扎堆出现，科学发现也常常出现爆发期。我们相信，如果越来越多的孩子能够为现实世界着迷，被科学精神点燃；如果他们专注地观察望远镜中遥远的星光，不停追问“宇宙究竟如何运行”，而他们的好奇心不断得到鼓励，想象力持续得到引导；如果我们更加尊重科学，更加敬重科学家，更加敬畏未知世界……那么，也许就在不久的将来，中国将迎来世界级科学大师和科研成果的“寒武纪”大爆发。

我们期待这一天伴随着民族复兴而来，我们也希望通过践行“科技向善”，能够让日新月异的科技创新更好地造福人类，更好地应对瘟疫疾病、气候变化、环境污染等人类共同的挑战。让我们一起努力！

1

屠呦呦

青 蒿 素 的 发 现 之 旅

屠呦呦，药学家，浙江宁波人，生于 1930 年，1955 年毕业于北京医学院（现北京大学医学部）。2011 年 9 月，她因发现治疗疟疾的青蒿素、挽救了全球数百万人的生命而获得拉斯克临床医学研究奖，2015 年获得诺贝尔生理学或医学奖，也因此成为第一个获得科学类诺贝尔奖的中国本土科学家。

决心

DETERMINATION

付出

DEVOTION

坚韧

TENACITY

“523 项目”中的年轻人

1965 年，中南半岛疟疾肆虐，发病率和致死率不容忽视，急需全新的抗疟药。当时，疟原虫已经对抗疟药物氯喹产生耐药性，变异后，疟原虫将抗疟药排出消化器官的速度快了 50 倍，恶性疟疾致死率飞速上升。

在蚊虫大军的包围下，人类像被海水日夜吞噬的小岛，无计可施地、渐渐地被逼入绝境。

我国决定发动顶尖科学家为当地提供帮助。1967 年 5 月 23 日，“疟疾防治药物研究工作协作会议”召开，确立了研究防治疟疾新药的项目并正式定名为“523 项目”。

那时，“文革”已经爆发，全国范围内还在进行的大协作科研项目只有两个，一个是“两弹一星”，另一个是“523 项目”。但当时国内的科研人才十分匮乏，“523 项目”不得不四处寻找年轻的科研人员。

1969 年 1 月，卫生部中医研究院（现中国中医科学院）助理研究员屠呦呦加入了“523 项目”。

这位“年轻人”39 岁了，留着短发，带一副黑框眼镜，笑起来十分温柔，可在实验室里晃动烧瓶的样子又严肃到令人生畏。

接到任务之初，屠呦呦特别兴奋。“文革”中所有的科学研究都暂停了，但“523 项目”是高层特批，不受影响。她因为专业对口，被任命为项目负责人。

“我很年轻，而且雄心勃勃，”屠呦呦后来回忆说，“很高兴在那个混乱的时候有事情做。”

然而，“523 项目”的科研难度远远超过当时科研人员的想象。

它包含了三个难度极大的目标，并且要求科研人员在 3 年内全部实现：一是耐药恶性疟的新型防治药物，二是耐药恶性疟的长效预防药物，三是驱蚊剂。

由于当地情况的特殊性，任务还增加了苛刻的条款，比如，要求研究出一种或多种口服或外用驱蚊剂（口服驱蚊剂要求驱蚊时效 12 小时以上，外用驱蚊剂要求驱蚊时效 24 小时以上），而且所有药物除满足药效强、副作用小的常规要求外，还必须实现“一轻”（体积小、重量轻）、“二便”（携带和使用方便）和“五防”（防潮、防霉、防热、防震、防光）。

直白地说，这几乎是“不可能完成的任务”。

在项目启动之初，“要什么没什么”，除了电、水和显微镜，屠呦呦只有七口大水缸，在平房中用土法尝试萃取。实验设备都是中国制造的，需要其他设备时，他们还得去其他科研单位临时借用。美国《远东经济评论》杂志在《中国革命性的医学发现：青蒿素攻克疟疾》一文中指出：“真正让外国同行刮目相看的是，中国研究人员在进行高尖端的科学实验时，使用的全都是西方国家早已经弃之不用的落后仪器。”

那时，屠呦呦已经有两个年幼的可爱女儿。为了“不可能完成的任务”，她不得不做出艰难的决定：一个女儿被送进全托托儿所，另一个女儿被送回了宁波的外婆家，很长时间才能见到母亲一面。

屠呦呦的丈夫李廷钊是苏联留学生，从列宁格勒加里宁工学院毕业回国后，被分配到齐齐哈尔的北满钢厂工作，后又先后在马鞍山钢铁厂、北京钢铁学院、国家冶金部工作。在他眼中，屠呦呦“和一般女孩不一样”，“心胸开阔，精力都在工作上”。

那几年，屠呦呦一心只有科研，她不怎么擅长照顾自己，经常找不到东西，行李箱也乱糟糟的。李廷钊一直支持她。从新婚到晚年，家里买菜、购物、做家务的大小事全部由李廷钊负责。新婚后，中学同学陈效中去小两口家串门，感慨“人家新婚夫妻家里很喜庆，他们家却有浓浓的学习氛围，家里全是书”。

在《逼近的瘟疫》一书中，美国著名记者劳里·加勒特写道：20 年前，实地工作的流行病学家都是货真价实的人才，实地考察、实验室研究、生物分离，他们样样都行……问题在于金钱，或者说是无法赚大钱。任何一个 25 岁、聪明能干的年轻科学家都看得出，当一名“疾病牛仔”从经济上讲是没有前途的。

但在 1969 年的中国，屠呦呦和年轻的科学家同伴们丝毫没有这个困扰，那种心无杂念反而造就了一种纯粹：一方面，在“参与阶级斗争”和“做研究”两个选择中，他们对后者求之不得；另一方面，他们和那个时期几乎可以称为“时代特产”的理想主义者们一样，相信生命力燃烧造就的奇迹，摆在他们面前的唯一目标就是找到那种理想的药物。

传承葛洪医术，研究创新成药

“人体”是一个复杂又精妙的系统，我们对其知之甚少，已被刮开涂层的生理学知识远不足以帮助药学家以个体的短暂一生为尺度，找到梦中的化合物。

到 1971 年年初，包括屠呦呦所在的中医研究院在内，参与“523 项目”的科研机构超过 60 家。寻找抗疟药的科学家们在两条道路上求索：一条是筛选成千上万的化合物，靠撞大运求成功；另一条是搜索传统中医药文献，派研究员深入乡野，向疟疾高发区的民间医生寻求秘方。

第一条道路，在整个“523 项目”开展期间，累计合成的化合物达万种之多，依次筛选 4 万多个样品后，初筛得到有效化合物近 1 000 个，38 个经过临床试验前药物、毒理研究，29 个进行了临床研究，最后只有 14 个通过专业鉴定具有潜在的使用性。如果从筛选开始计算，失败率超过 99.9%。

屠呦呦走的道路是第二条。

中国自古以来就有用草药抗疟退烧的历史。早在 1941 年，药理学家张昌绍就根据历代本草方书记载，实验性地用中药常山在南部沿海地区治疗疟疾。1946 年和 1948 年，他先后在世界顶级期刊《科学》和《自然》上发表文章，讨论常山碱的抗疟效果。然而很遗憾，1967 年张昌绍离世了。

继续研究常山成了屠呦呦的工作核心。她渴望消除常山碱引发的剧烈呕吐症状，一举攻克目标。她挑选了许多中药材来配伍常山碱，但事与愿违，最好的组合也只对鸽子的呕吐模型有效，对猫的呕吐模型无效。

重新筛选了大量样品后，屠呦呦将注意力转向了厨房中的常见调料——胡椒，其提取物对鼠疟模型疟原虫的抑制率可达 84%。也许胡椒才是对的！

1969 年盛夏，正值疟疾高发期，屠呦呦携带样品前往海南，用胡椒加辣椒和明矾进行临床验证。希望落空，胡椒只能减轻症状，却无法使患者体内疟原虫转阴。

失败后的第二年，屠呦呦研究小组仍在研究胡椒哪里出了问题，并且开始注意到青蒿。但对青蒿（见图 1-1）的研究一度因找不到方向而陷入停滞：青

图 1-1　青蒿

蒿研究因为水煎剂无效、乙醇提取效果不稳定而没有进展；他们艰难地筛选100多种中药的水提物和醇提物样品200余个，期望通过不懈的努力触发一点点运气的降临，但并没有成功。

屠呦呦研究小组有三个年轻人，其中一个人担任助手，负责提取药物、筛选，另外两个人做动物实验。那时他们重点做过青蒿的实验，抑制率只有68%，已算不错，但做复筛后，抑制率却降到40%甚至更低，他们甚至一度放弃了青蒿。

在科学研究工作中最艰难的是抉择：在希望渺茫的时刻，是全力以赴，还是索性放弃？

难道史书记载不可信？难道试验方法不合理？难道中医药这个宝库就发掘不出宝来？“重新埋下头去，看医书！”屠呦呦的执拗和坚持带动着大家。一个被思绪困扰的夜晚，屠呦呦阅读东晋葛洪的医书《肘后备急方》中的“治寒热诸疟方”，被灵感击中。古方上说“青蒿一握，以水二升渍，绞取汁，尽服之”，屠呦呦注意到动词是“绞”——用手握住浸泡后的青蒿并拧出汁液来，而不是常见的“煎”，她意识到也许问题的关键在于温度。

屠呦呦没有错过这个一闪即逝的珍贵念头，她改变了提取流程，采用乙醚低温提取。在显微镜下，乙醚低温萃取的青蒿粗提物杀死了小鼠体内100%的疟原虫！

在2009年出版的专著《青蒿及青蒿素类药物》中，屠呦呦提到围绕这个念头的一系列实验：“青蒿成株叶制成水煎浸膏，95%乙醇浸膏，挥发油无效。乙醇冷浸，控制温度低于60℃，鼠疟效价提高，温度过高则无效。乙醚回流或冷浸所得提取物，鼠疟效价显著增高且稳定。”

那是一种丑丑的黑色膏状粗提物，但它带给屠呦呦研究小组的感受无限接近于世界上最好的东西——希望。

然而，得到研究成果后，屠呦呦却无法找到配合的药厂，只能用水缸灌满乙醚，浸泡青蒿提取样品。

那时，实验室非常简陋，没有排风系统，如果纱布口罩不算，也没有防护用品。小组成员们很快出现头昏、皮肤过敏等乙醚诱发的症状，屠呦呦甚至被检查出患中毒性肝炎。

青蒿粗提物的效果时好时差，屠呦呦意识到青蒿的品种、部位和采收时间都对其效价有影响，这也是现代中药研究者普遍面临的问题：如何保证效果稳定、一致？最终，通过控制品种和采收时间，屠呦呦收获了效价稳定、可供临床使用的青蒿乙醚提取物。

1972 年 3 月，在南京的“中草药专业组”会议上，屠呦呦报告了其研究小组的青蒿研究进展，“还写了大字报，讲了是怎么提取的，一步一步都公之于众”。

报告令人眼亮，但并未立即使这个科研项目调转船头，放弃其他选择。会议结束时，决策层要求尽快测定“鹰爪”和“仙鹤草”的化学结构，而对药物“青蒿”和“臭椿”，要“加快开展有效化学成分或单体的分离提取工作”。

南京的会议结束后，屠呦呦研究小组马不停蹄，分离纯品化合物，终于在 1972 年 11 月成功提取到白色针状结晶“青蒿素Ⅱ”（后命名为青蒿素）（见图 1–2）。

图 1-2　青蒿素标本及其制品（中国中医科学院 供图）

在得到屠呦呦研究小组比较详细的研究资料后，全国多个研究机构分别独立进行了青蒿抗疟有效物质的研究，青蒿素因此还被命名为“黄花蒿素”和“黄蒿素”。后来的两年里，屠呦呦曾经在确认青蒿素为不含氮的倍半萜内酯类化合物的结构研究陷入困境后，转而求助于擅长倍半萜结构研究的中国科学院上海有机化学研究所，共同研究后发现青蒿素是一种在自然界从未被发现的化学结构，是一种含有过氧基团的新型倍半萜内酯。

在这次发现之前，人类的抗疟药都属于含氮的化合物。屠呦呦研究小组在 1973 年做了化学元素分析、光谱数据分析，她后来说：“最后证明青蒿素不含氮，而是一种全新结构的化合物，我们就放心了。”

有科学家统计过宇宙中可能成为药物的化合物数量——3×10^{62}，这一数字大到人类难以想象。至此，杰出、无私的中国科学家们最终证明，在动荡不安的艰难岁月，他们凭借生命力、毅力和中医药这个宝库，才从 3×10^{62} 种化合物中找到了自己梦中的化合物。

在 30 多年后，人们了解到青蒿素发现的历史，知道了屠呦呦和她的同伴们是在何等简陋的条件下完成了世界级的发现。对当时我国的科学家来说，实际情况要难得多，那不是一时一地的难，而是百年来的落后、动荡、战乱加在一起才能被充分理解的艰难。

呦呦鹿鸣，食野之蒿

时间回到 1930 年 12 月 30 日，新一年来临前夕，宁波开明街 508 号的男主人屠濂规彻夜未眠。他接受过西式教育，先后在太平洋轮船公司和银行工作，已经有三个儿子。天色破晓，产房中传出婴儿“呦呦”的啼哭，好似小鹿在林中低鸣——和前三次都不一样的哭声令他幸福不已，对父亲来说，世界上没有什么比收到一个小女儿更好的新年礼物了。

屠濂规想要永远记得这一刻的体验，为婴儿起名“呦呦”。“呦呦鹿鸣，食野之蒿。我有嘉宾，德音孔昭。”一个来自父亲最快乐的记忆和《诗经》的美丽名字。

屠濂规把阁楼上的书房开放给小女儿玩。她想吃多少香螺，就吃多少香螺。屠家出门朝东走上 20 分钟就能到三江口，可以看大船；朝月湖西边走，可以看天一阁——中国最古老的私家藏书楼，里面的书几辈子也读不完。不过，屠呦呦最喜欢、最常去的还是开明街另一头的外婆家。

外婆家像一个独立的世界，正楼是面阔三间一弄、进深五柱的大屋子，五脊马头山墙，前厅和大厅是三间二弄的二层小楼。当过复旦大学教授的外祖父姚永白样样讲究，廊楼板端面都雕有卷草纹路。穿过大屋子，内院种满了树，到了秋天，满院金黄的落叶。

1937 年，日本全面侵华。1941 年，屠家的房屋在战火中损毁，11 岁的屠呦呦随父母搬来外婆家，直到 21 岁考上北京医学院离开宁波，她在这座金色的院子里住了 10 年。在院子里同住的还有舅舅姚庆三，他从法国留学回来，在银行上班，研究“货币”，他的专著《财政学原论》是中国最早的财政教科书之一。等到舅舅后来“将凯恩斯学术思想引入中国，留下中国第一批凯恩斯理论文献，赴香港两家香港中银集团前身机构任职，推动祖国海外金融事业发展”时，屠呦呦已经长大，沉浸在医药学的美妙世界里。

16 岁那年，屠呦呦染上肺结核，被迫休学在家。两年药物治疗后，她健康如初，感觉医药像作用在身体上的魔法，“如果学会了，不仅可以让自己远离病痛，还可以救治更多人”。一年半后，她返回学校，进入宁波私立高中效实中学，这也是父亲屠濂规的母校。

效实中学由一群志气相投的科学家和本地实业家创建，学费高昂，校风洋派，与复旦大学和圣约翰大学签订合约——效实中学毕业生可免试直升这两所著名大学。效实中学声名在外还因为它培养了包括生物学家童第周、地球物理学家翁文波、核物理学家戴传曾、无机化工专家周光耀在内的 15 位院士。

在效实中学，屠呦呦的学号是 A342，在满教室的“学霸”里算不上抢眼，好几科成绩都在 70 分上下，只有生物成绩突出。同学卢珊舟回忆，对屠呦呦“印象不深，倒是同班的李廷钊比较有名，当年因为深受英语老师的魅力和理想的感染，甚至把牛奶省下来给老师”。不善言辞的屠呦呦也默默地收藏着几十年前那位老师写给同学们的信，在老师过世前复制给全班同学每人一份。15 年后，中学同学李廷钊与屠呦呦在北京重逢，成为她的丈夫。

1950 年，屠家无力继续支付效实中学的学费，屠呦呦转学到宁波中学读高三。宁波中学是公立体系下的名校，早年，朱自清任学校语文老师，丰子恺任美术老师。在班主任徐季子老师的记忆里，屠呦呦“作文不错，字迹工整”，给同学们留下的印象则仍然是“不善言辞”“不爱社交”。

属于屠呦呦的世界，大门还没有打开。在对她来说沉默的中学时代，哥哥屠恒学曾写信寄给她一张照片，照片背面写着：“呦呦，学问绝不能使诚心求她的人失望。”

1951 年，屠呦呦自己做出决定，填报并顺利考入北京医学院药学系。药学分为药物检测、药物化学和生药学三个专业，屠呦呦再次选择了最冷僻、选择人数最少的生药学专业。

生药指纯天然、未经加工或简单加工的植物类、动物类、矿物类药材。不像药物化学专业在读书阶段就兼修管理学、经济学，培养更经世致用之才，直通大型药厂，生药学专业通往枯燥、日复一日、很可能一无所获的药物实验室生活。一名美国药物研发学者曾这样描述这种实验室之路，他说，他的绝大部分同事都毕业于一流的研究型大学，进入了拥有顶级配置的实验室，付出一生的热忱研究这些生物活性分子，最终一无所获。

北京医学院生药学的奠基人是楼之岑，这位留英博士是浙江人，出生于一个穷苦的中医世家，家里只为他支付了小学学费。因为成绩异常出色，他一路凭借奖学金从初中读到伦敦大学博士学位。他的童年记忆全是穷苦人在家门口排着长队等待求医的场景，有的病人被家人用竹担子抬来，无法想象他们这样走了多少路，父亲对他们则是有求必应。

人的选择基于他此前一系列的经历，楼之岑谢绝了伦敦大学的挽留和英国爱文思药厂的聘书，回国任教，组建了北京医学院生药学教研室。在实验室里，他遇到了年轻、寡言、极度认真的学生屠呦呦。他们都很适应实验室里缺少波澜的烦琐工作：和药材、显微镜切片、萃取剂打交道，一天又一天，提取分离有效成分、研究化学性质、鉴定化学结构。

1955 年，刚毕业的屠呦呦被分配到卫生部中医研究院中药研究所（见图 1–3）。

图 1–3　1955 年，屠呦呦进入卫生部中医研究院中药研究所实验室工作
（中国中医科学院 供图）

这一年，我国打响了国家范围内防治血吸虫的战役。屠呦呦在老师楼之岑的指导下完成了对有效药物半边莲的生药学研究，证明了中药半边莲是治疗血吸虫病的有效药物。1958 年，这一研究成果被收录于《中药鉴定参考资料》。

那是世事变幻比天气更快的年代。很快，楼之岑被迫离开实验室，前往延庆永宁公社灰岭大队接受“再教育”。他力所能及地按他的愿望工作，甚至像父亲当年一样，跟穷困的患者和赤脚医生打交道，为他们上课，对在山里挖到的中药材进行初步加工，修建了一个简易的“土药厂”，甚至自编自印《赤脚医生通讯》。

老师楼之岑影响了屠呦呦的一生。2015 年 12 月 7 日，屠呦呦应诺贝尔奖委员会邀请在瑞典卡罗林斯卡学院演讲，她现场展示了一张老照片（见图 1–4）并介绍说：“这是我刚到中药研究所时拍的照片，左侧是著名生药学家楼之岑，他在指导我鉴别药材。”

图 1–4　20 世纪 50 年代，屠呦呦与老师楼之岑副教授一起做研究（中国中医科学院 供图）

试药人与她的同伴们

发现青蒿素乙醚提取物有效是青蒿素发现史上最关键的一步。因动物毒性实验发现了疑似的毒副作用，屠呦呦为了尽快弄清它，并且担心错过当年疟疾流行期，那样将延误一整年的时间，她和同事郎林福、岳凤先决定以身试药，第一时间住进了东直门医院，试服青蒿素乙醚提取物。

“青蒿素治疗疟疾在动物实验中获得了完全的成功，那么作用于人类身上是否安全有效呢？在自己身上进行实验，在当时没有关于药物安全性和临床效果评估程序的情况下，是用中草药治疗疟疾获得信心的唯一办法。”屠呦呦说。

屠呦呦和同事们的试药结果显示“青蒿素Ⅱ”无毒，但 1973 年首次临床试验的 5 例效果不理想，屠呦呦排查原因发现，匆忙赶制的药片太硬了（用乳钵都无法捣碎），人体难以吸收，她改用结晶原粉直接装胶囊，效果立即显现。

与此同时，在云南，负责临床试验的原本是“523 项目”针灸组的李国桥，他对疟疾患者进行针刺治疗，可惜银针对灭杀疟原虫毫无作用。实验失败离开疫区前，他收到新发现的黄蒿素，马上开展临床试验，效果立竿见影：服药 20 小时，杀灭率在 95% 以上。

据《纽约时报》报道，药物学者基斯 · 阿诺德曾经帮助美国军方研制抗疟药甲氟喹。阿诺德回忆，1979 年他在云南疫区遇到李国桥，双方进行了“对抗性试验”，“中国的神秘药物击败了他的药物”。

中国的神秘药物在绞杀疟原虫的战斗中兵贵神速，然而人体代谢它的速度同样很快，任何错过了窗口期的疟原虫都会卷土重来，造成病情复燃。测定青蒿素化学结构并加以改造的科学家们部分解决了这个问题（1976 年后，中科院上海药物所的李英和广西桂林制药厂的刘旭发明了青蒿素衍生物蒿甲醚、青蒿琥酯），将青蒿素衍生物与一些药性慢但药效更持久的药物混合，形成了目前主流的抗疟联用疗法。

讲述“523 项目”和青蒿素历史的书《呦呦有蒿——屠呦呦与青蒿素》中这样总结：“那一代老科学家所做的研究，他们的药物挽救了世界上很多人的生命，但他们本人却默默无闻，相关的文献淹没于即使能读中文者也感到冷僻的杂志，和一般读者不容易看到的内部会议资料。”

1974 年年初，北京的青蒿素、山东的黄花蒿素和云南的黄蒿素被鉴定为同一种化合物，即青蒿素。

时光飞逝，1981 年，中国试点经济体制改革，历史转移了它的注意力，历时 14 年的“523 项目”告终。协作的科学家们站在一起拍了一张可谓壮观的合影，做出卓越贡献的机构和个人领到了作为纪念的奖状，其中机构 134 家，个人共计 85 人。同年，世界卫生组织出版的《疟疾的化学疗法的进展》一书记载，美国华尔特里陆军研究院在“523 项目”同期的 12 年中为同一目标筛选了 25 万种化合物，这意味着 25 万次失落的寻找。

迟到的报告与更迟的认可

然而，人类与疟疾的隐形战争从未停止，自诺贝尔奖诞生至今的 126 年间，“对抗疟疾”成为诺贝尔生理学或医学奖中不断出现的关键词。

1902 年，英国医生罗纳德 · 罗斯因证明了蚊子是传播疟疾的媒介获得诺贝尔生理学或医学奖。5 年后，法国医师夏尔 · 拉韦朗因发现红细胞中疟原虫的作用过程获得诺贝尔生理学或医学奖。之后的 50 年，陆续又有 3 位科学家因与疟疾相关的研究和发现获得这一殊荣。

接着，就是 2015 年，屠呦呦因发现青蒿素治疗疟疾的新疗法获诺贝尔生理学或医学奖（见图 1–5 和图 1–6）。在 10 月 5 日该奖项公布的当晚，因为听力不好，屠呦呦没有接到通知获奖的电话。得知消息后，她彻夜未眠。

据媒体报道，各大机构的贺信、崇拜者送来的鲜花一早就涌入她的客厅，记者们蜂拥而至，屠呦呦拿着一张连夜准备的稿纸，准备回应他们。《纽约时报》的记者还没问完，屠呦呦的家乡宁波市的市长已经带着一束鲜花进了门。

然而大约 10 年前的冬天，《环球人物》采访屠呦呦时，记者描述了自己在屠呦呦的办公室坐了不到 5 分钟就赶紧穿上棉服的体验：暖气不足，屋里太冷了，“没有任何装修，门窗简陋，一张沙发已经破得很难坐人，屋里的电器只有两样——电话和存放药品的旧冰箱”。

“后来变化是非常快的，我都觉得像坐上了火箭。”首都医科大学教授、屠呦呦唯一的博士生王满元至今觉得不可思议。

2011 年，全球生命科学领域最有影响力的杂志《细胞》刊登了一篇介绍青蒿素和屠呦呦所做贡献的文章——《青蒿素：源自中草药园的发现》，作者是美国国家科学院院士、传染病专家路易斯 · 米勒（Louis H. Miller），以及他的助手、美国国家卫生研究院资深研究员苏新专。他们的努力为屠呦呦带来了迟到的认可。

图 1-5　2015 年，屠呦呦领取诺贝尔生理学或医学奖（中国中医科学院 供图）

图 1-6　屠呦呦荣获的诺贝尔生理学或医学奖奖章（中国中医科学院 供图）

2010 年，米勒首次向诺贝尔奖评委会推荐了屠呦呦，落选后，他又将其推荐到拉斯克临床医学研究奖评委会。从这一年开始，米勒每年都会在诺贝尔奖的推荐表格上填上屠呦呦的名字。

苏新专回忆，这个举动源于 2005 年米勒在上海参加了寄生虫学和媒介生物学国际研讨会议，共进晚餐时，米勒向研究疟疾的科学家们请教是谁发现了青蒿素，但无人知晓。

这一幕令米勒回想到奎宁的历史。奎宁是在青蒿素出现之前应用广泛的抗疟药物，最早出现于 16 世纪秘鲁的印第安人之中，后来被西班牙人带回欧洲使用。然而，印第安人从未被认定为奎宁的发现者。米勒认为青蒿素的发现值得获诺贝尔奖，他希望尽其所能地避免历史重演。

苏新专说，他们开始并不知道屠呦呦。“我在网上查有关资料，查到一篇英国华人写的文章里提到了屠呦呦的工作。我又从网上查到他们单位的电话，他们给了我屠呦呦的助手杨岚的电话，我又打电话给杨岚。”

他们很快收到了屠呦呦团队寄往美国的材料，包括屠呦呦出版的专著《青蒿及青蒿素类药物》，在历史迷雾中，王满元认为这本书第一次展现了青蒿素的开发过程。2011 年，苏新专专程飞到北京拜访了屠呦呦和“523 项目”其他成员，他感受到屠呦呦的开朗、直率，他清楚地记得屠呦呦在见面中一直强调：“我不想评论别人的工作以及他们对我的评价。我们只需要看一下过程和事实。”

“许多人强调说，青蒿素的开发是一项涉及数百人的团队合作，奖励应给予团队，不幸的是，团队合作的概念并不总能在国际范围内获得认同。米勒博士问李国桥教授和‘523 项目’中其他人一个问题：如果您必须选择三个对项目贡献最大的人，他们是谁？屠教授一直是第一选择。”苏新专说。

2020 年秋，回忆米勒先生和他如何做出最终决定时，苏新专说：“青蒿素的开发是团队的共同努力，但我们必须确定谁是第一个将青蒿或青蒿素引入‘523 项目’的人。人们并不总是区分‘发现’和‘开发’，您需要先发现一些东西，然后才能将其开发为产品。”

2011 年 9 月 23 日，屠呦呦获得了被称为诺贝尔生理学或医学奖风向标的国际医学大奖拉斯克临床医学研究奖。评委会这样描述屠呦呦：一个靠“洞察力、视野和顽强的信念”发现了青蒿素的中国女人。

评委会成员露西尔·夏皮罗说：“在人类的药物史上，我们如此庆祝一项能缓解数亿人痛苦和压力并挽救上百个国家、数百万人生命的发现的机会并不常有。”

新战斗

获诺贝尔奖后，屠呦呦的名字家喻户晓。她拒绝了绝大多数采访，因为需要时间工作。她不止一次向时任中国中医科学院院长的张伯礼诉苦：“就到这儿吧，我不习惯这些场面上的事，咱们加紧青蒿素的研究工作吧。”

2020 年 9 月，王满元打电话问老师的身体检查结果。两次感谢学生的关心后，屠呦呦话锋一转，几乎像检查作业般仔细地过问了王满元最近的工作情况。“我们之间聊得最多的就是工作。”王满元说，“那一代人和我们真的不一样。”

因为年事已高，屠呦呦缺席了哈佛大学医学院华伦·阿尔波特奖的颁奖仪式。在诺贝尔奖颁奖典礼上，她也因身体不舒服而匆匆返回酒店休息，拒绝了包括苏新专在内的所有访客。但只要同她谈起工作，身体上的一切不适似乎又都消失了。

“我还有很多事要做，”屠呦呦说，“对青蒿素的研究远远没有结束，随着研究的深入和研究方法的升级，希望能诞生更多的新药……我的生活非常简单，工作就是我最大的乐趣。生活的乐趣源于工作。”

屠呦呦团队眼下的工作指的是青蒿素“老药新用”和遏制青蒿素耐药性的研究。目前青蒿素治疗红斑狼疮的动物试验效果不错，正在进行临床试验。

获得诺贝尔奖后，中国科学技术协会为屠呦呦办过一次“科技界祝贺屠呦呦获诺贝尔奖座谈会”。屠呦呦在会上不断提到对工作的担心和焦虑：

> 我现在年纪已经大了，但是也会为这些事情担心，联合用药确实还是存在问题，联合用药并不是说随便加在一起就可以的，已经产生耐药性的药弄在一起更会有问题产生……一直到现在，青蒿素抗疟的机理也并没有（被）弄清楚。清华大学有一位周兵同志，他也很努力地在做，组织很多单位联系在一起，希望能够获得经费支持来继续工作，但是并没有得到很好的发展。
>
> 今天院长在这里，周兵同志还是很努力的，你回去之后再考虑考虑……我这次得奖，最大心愿就是希望形成一个新的激励机制。（让）很

多年轻同志发挥他们的能力、他们的实力。

更严峻的是，屠呦呦和年轻一代的科学家如今正面临新的挑战：疟原虫正在卷土重来。这种比人类长寿数千万年的古老生物（从 3 000 万年前琥珀化石中的蚊子体内已经检测到疟原虫），没有一刻停止进化。

如今，非洲已经出现对青蒿素耐药的疟原虫突变，如果不采取措施，假如青蒿素疗法失效，非洲将会在 5 年内出现 7 800 万新增病例和 11.6 万例额外死亡。

世界卫生组织原总干事陈冯富珍说："我们治疗疟疾最有力武器的效力正受到威胁。"

对抗疟疾的项目被命名为"全球计划"，由 100 多位疟疾研究专家讨论决定，由盖茨基金会赞助，这个计划正在大量召集专业队伍，投入资金，目标是将目前地球上最好的抗疟疗法——青蒿素联合疗法的耐药性消灭在萌芽状态。

由国家大协作创造的青蒿素正面临新的协作，这一次是全球性的。

此时，屠呦呦已经 91 岁，但她还要再次投身其中。

（文 / 李炫特）

CH3
H
O
H3C

科学精神内核

屠呦呦的科研之路可谓艰难，她选择了最冷门的专业，又在极端简陋的条件下忍受着孤独。

1951 年，屠呦呦考上了北京医学院药学系，那时药学分为药物检测、药物化学和生药学三个专业，生药学专业通往枯燥、日复一日、很可能一无所获的药物实验室生活，但屠呦呦自己做出决定，进入最冷僻、选择人数最少的生药学专业。她甘愿和药材、显微镜切片打交道，去体验科学的孤独。

在注意到青蒿之后，屠呦呦的研究依旧困难重重：因为水煎剂无效，乙醇提取效果差，对疟原虫的抑制率一度达到 68%，但后续实验效果很差，她和同事甚至一度放弃了青蒿。在希望渺茫的时刻，是全力以赴，还是索性放弃？屠呦呦选择了坚持，并最终奋战到神奇的发现时刻。

获诺贝尔奖后，屠呦呦的名字家喻户晓，但她拒绝了绝大多数采访，并且不止一次向上级诉苦：“就到这儿吧，我不习惯这些场面上的事，咱们加紧青蒿素的研究工作吧。”

2

钟南山

敢 医 敢 言

钟南山，中国工程院院士，著名呼吸病学专家，1936 年生于南京，1960 年毕业于北京医学院，2007 年获得英国爱丁堡大学荣誉博士学位。在中国抗击“非典”和新冠肺炎疫情的战役中，他凭借医学威信和敢言的风格，成为全国人民信赖的英雄人物。2020 年 8 月，钟南山获得代表国家最高荣誉的“共和国勋章”。

敢言

O U T S P O K E N N E S S

责任

R E S P O N S I B I L I T Y

奉献

D E D I C A T I O N

本色

S I N C E R I T Y

危机时刻

2003年清明节，一如往常，人们带着鲜花来到广州市郊野的陵园，祭奠逝者，也一并怀想生死之事。前来祭奠的人群中，时年67岁的中国工程院院士、著名呼吸病学专家钟南山显得心事重重。往年为父母扫墓时，他总是沉默不语，但在那个特殊的春天，钟南山的双手下意识握在胸前，对着父亲的墓碑小声说着什么。

2002年12月15日，一种前所未见的奇怪病症突然在广东出现，很快蔓延开来。钟南山明显感到一场战役即将打响。

这是一种人类历史上从未出现过的传染病，临床表现与一般肺炎不同，呈非典型肺炎症候，病人会出现高热、干咳、呼吸困难的症状，如果抢救不及时，容易死于呼吸衰竭或多脏器衰竭。疑似病例最初发现于广东顺德、河源，传播速度极快，几个月内便遍布全世界。

由于最初发病原因和传播途径尚不明确，公众一度陷入恐慌，民间甚至流传：一旦感染了这种怪病，一天内发病，很快就会呼吸衰竭；和病人打个照面就可能被传染；有的人上午得病，下午肺上就全是白点，晚上抢救无效死亡。板蓝根因被认为有预防功效遭到疯抢，家家户户都飘出了醋味——据传熏醋也有预防病毒的作用。

一时间国内高校停课封校，未停课的中小学每天按时消毒，校方统一熬制大锅中药派发给学生。各类活动和赛事纷纷停办，当年高考也因此推迟了一个月。疾病的传播途径一度困扰着医疗工作者。

2003 年 3 月，正是被称为“非典”的疫情最严酷的时段，救护车奔驰在大街小巷，各大医院灯火通明。广东 6 家专门用于接纳“非典”病人的医院已不堪重负，到 3 月 17 日，全省累计报告病例突破 1 000 例。当时在广州医科大学附属第一医院任职的钟南山说出了他在“非典”时期至今仍被人铭记的一句话：“把重症病人都送到我这里来。”

到了清明节，形势已万分紧急。在中国向 WHO（世界卫生组织）申报的案例中，广东省 3 月有 361 例新发病例，9 人死亡。病原体尚未查明，治疗方式仍在探索，将患者隔离成为为数不多的有效措施之一。

然而，当时有医学权威说，“非典”疫情已经得到控制。

疫情暴发之后，钟南山时常发出不一样的声音。在关于病原体是不是衣原体、治疗方法如何制定的争执中，他都站在了医学权威的对立面，这让他承受了很大的压力。2003 年 1 月中旬，钟南山被误认为“私自”让香港专家化验病毒而被警车接走。他说：“我老有一种感觉，好像专门喜欢跟谁较劲似的，老觉得不管走到哪儿，我都不太受欢迎。”

在为父母扫墓的这天，钟南山面对父亲的墓碑站了很久。没有人知道他究竟在想什么，但可以肯定的是，他的脑海中无法回避他父亲作为医者的一生。

其父钟世藩是民国时期的著名医生，1930 年毕业于北京协和医学院，之后取得美国纽约州立大学医学博士学位，曾在南京中央医院工作。南京沦陷前，中央医院撤往贵阳，在硝烟与战火中，钟南山度过了小学的 4 年时光。他记得，那时学校每月都要收取伙食费，他年龄尚小，经常不交费，而是到街上购买零食。当母亲询问伙食费是否有结余时，他选择了搪塞，母亲后来得知实情，对他说：“你这样做是不诚实的表现。”一向严厉的父亲也质问他：“你自己再想一想，为什么撒谎？”

后来钟南山回忆说，这是他对“说真话”最早的认知。

站在父亲钟世藩的墓前默念许久，钟南山终于对儿子钟惟德说：“我们要讲真话，对得起病人。”那时，一场面向全世界的新闻发布会即将在北京召开，钟南山也接到了通知，时间就在 4 天之后。

赶到北京后，有人提醒钟南山：“不要讲太多。关于病人的情况，可以说有的医院做了转移。”

4 月 10 日，世界各路新闻媒体的长枪短炮对准了中国的官员和医学专家，对准了座席上的钟南山。记者们焦急万分，其中不乏对中国披露的疫情信息将信将疑的西方媒体。

当天的发布会上，仍然有官员表态：疫情已经得到控制。

在媒体提问环节，作为“非典”疫情暴发以来最受关注的专家，钟南山成为境外记者提问的主要对象。关于患病人数的问题，钟南山回答：“为什么有一些病人我们没有发现呢？因为当时有的医生不是搞这一行的。”“公开报告的数字比较少，为什么呢？恐怕你们要理解：有一些病人转移到了其他科，而这些科又不是呼吸疾病的专科，所以病人在这样的科里接受治疗，首先需要一些时间才能够确诊。”所说皆是实情。

第二天，在另一场新闻发布会上，几名记者连续发问，他们对前一天得到的答案并不满意，提出了同样的问题。一名记者直接问钟南山：“那么按照你们的看法，是不是疫情已得到控制？”

电视镜头里的钟南山情绪有些激动：“什么已经控制？根本就没有控制！”

他接着解释：“目前还不能说是控制，只能说是遏制。控制的前提是要发现这个病原体，同时找到对这个病原体的处理方法。目前这个病的病原体都还没搞清楚，你怎么控制它？”

“我们顶多是遏制，不叫控制！”

会场一片哗然。多年以后，当人们回忆起抗击“非典”的战役时，钟南山的公开发言被认为是一个重大的转折点。

国士

2002年年末，一位奇怪的患者从河源转到钟南山工作的广州医科大学附属第一医院。在ICU病房的10号病床，钟南山见到了那名生命垂危的病人。作为中国呼吸病研究的泰斗级人物，他发现自己终生孜孜探究的领域出现了前所未见的病症：病人一直高烧不退，持续干咳，病情不断恶化，X光显示他已经呈现“白肺”，双肺部炎症呈弥漫性渗出，阴影占据了整个肺部，使用各种抗生素均不见效。平常人的肺部如同一个皮球，有气进就鼓起来，气出了就瘪下去，然而这位病人的肺坚硬结实，仿佛一块塑料，吹不胀也缩不扁。寻常治疗的药物并没有疗效，给他做机械通气，只能开小容量，做多了肺便会胀破。很快，钟南山又获悉了一个更令他诧异的消息：和这名病人有过接触的8个人都被感染了。这引起了他的警觉。

疫情之初，钟南山判断可能会发生大规模传染，他在大年二十九（那年没有年三十）晚上连夜组建隔离病房，取消一线人员休假，同时采购物资。投建3天的呼吸危重症监护中心整建制地投入使用，将优质的资源全部投入了“非典”防治工作。

1月中旬到2月中旬，用于控制“非典”的物资已经青黄不接。由于对“非典”认知不足，珠三角一带的病人越来越多，大批医护人员也被感染，病情渐渐失去控制。中山大学附属第三医院一个病区的医护人员全部倒下，不得不将病人转去广州市第八人民医院，随后该院的医护人员也倒下一半。一家医院收治了一批“非典”病人，医护人员发现他们竟然全是来自其他医院的医护人员。

1月中旬的一天，连续工作38个小时后，钟南山感觉双腿像灌了铅。第二天早上，他发起了高烧，拍摄X光片后，他发现自己左上肺有炎症。他认为在广州呼吸疾病研究所抗击“非典”之战中，他若倒下对工作的影响太大，势必挫败士气，病人也会产生负面情绪——“怎么连专家都倒下了”，于是他决定回家休养。

躺在家中的床上，钟南山感觉格外虚弱，但他并没有感到呼吸困难——“非典”病人常出现的症状。护士每天上门给他注射抗生素用以治疗，5 天之后，他再次拍摄胸片，肺上的阴影没有了。当时的治疗已经显示抗生素对“非典”病人无效，他松了一口气：自己的病不是“非典”。

又休息 3 天后，钟南山回到医院，当时除了家人和那名打点滴的护士，没有人知道他的病情。他的身体仍然虚弱，手上拿着的东西会不知不觉掉到地上，自己却毫无察觉。他笑呵呵地回应周围人和媒体的关心：“我不过是有点儿不舒服，现在不是继续工作了吗？”

复工后，钟南山继续抓紧寻找应对“非典”的医疗方法。

他与肖正伦、陈荣昌等专家研究出了“无创通气”（与通常插管或切开气管通气不同，而是采用无创的鼻部面罩通气），增加了病人的氧气吸入量。当病人出现高热和肺部炎症加剧时，适当给予类固醇或皮质激素。当病人继发细菌感染时，要有针对性地使用抗生素。

在医学界，用类固醇应对病毒性感染是大忌，在减轻发炎的同时对医治的免疫反应也有所减低，对病人早期使用皮质激素也与传统治疗肺炎的方法相反。钟南山及其团队研究认为，要按不同的体质给“非典”病人用皮质激素，分别对待，掌握一定的量和不断调整控制用量能将副作用降到最小。

钟南山将以上措施写入了治疗指引文件，并于 3 月 9 日下发各地的医疗单位。

因为钟南山一句“把重症病人都送到我这里来”，一个叫梁合东的患者想尽办法到了广州呼吸疾病研究所。他在重症病房住了20天，一度昏迷，醒来时发现自己两条手臂、鼻子、口腔都插上了管子。一次因为病情加重，他陷入狂躁、出现幻觉，将身上的管子往下扯，四五个护士都按不住，直到钟南山出现。

“你知不知道我是谁？”

“我知道，您是钟院士。”

“那好，你知道我是，那你就要躺下来。”

梁合东竟然平静了，躺下来接受护士的注射。

与钟南山一同研究“非典”的郑伯健教授回忆，医治重症患者都要把气管切开，过程非常危险，但经钟南山救治的重症患者的死亡率都得到了控制，他的措施被证明有效，双管齐下，危重病人的抢救成功率达到87%。至4月中旬，广州呼吸疾病研究所收治的101名重症病人中，87人康复出院，抢救成功率为87%。而在整个广东，截至5月31日，累计报告“非典”病例1 511例，治愈出院1 441例，死亡57例，死亡率为3.7%，是当时全世界“非典”死亡率的最低纪录。

与此同时，钟南山和团队加紧寻找着“非典”的病原体。

2月18日，新华社播发了一条消息：“非典”的病原体可基本确定为衣原体。这个结论来自两份死于本次肺炎病人的尸检肺标本。但以钟南山为代表的广东大部分医疗专家并不接受这个结果。

当日下午，广东省卫生厅召开了紧急讨论会议，临床专家提出异议：“仅根据两例电镜观察就得出衣原体的结论太过草率，如果按这一结论制定治疗方案，可能会造成可怕的后果！”

根据广东的临床专家们的经验，大量使用应对衣原体的抗生素对“非典”病人均没有效果。这与当时北京一些专家的意见相悖。广东省决策层采纳了以钟南山为代表的医疗团队的意见，坚持了原来的防治措施。

钟南山从北京回来后，4 月 11 日下午，广州呼吸疾病研究所打算在第二天举行发布会，宣布“非典”病原体是一种新型冠状病毒，广东媒体随即刊载了这个消息。5 天后，世界卫生组织正式宣布，确认冠状病毒的一个变种是“非典”的病原体。

事情的发展证明，钟南山那时在发布会上的“遏制论”并非危言耸听。4 月中下旬，“非典”在北京等地达到了发病的高峰。

当“非典”在世界多个国家传播时，中国承担起自己的大国责任。钟南山被时任总理温家宝点名，去往全世界 16 个国家和地区，讲解中国应对“非典”的经验。时任广州呼吸疾病研究所党支部书记的程东海回忆：“他的行为为政府缓解了很大的压力，既消除了国际社会的误解，又证明了真实的重要性。”

后来，在接受央视《面对面》节目访谈时，主持人王志问钟南山，“你关心政治吗？”钟南山几乎想都没想就脱口而出：“我只想搞好自己的业务工作，以及做好防治疾病的工作，这本身就是我们最大的政治。一个人在他的岗位上能够做到最好，这就是他最大的政治。”

“非典”这场新中国成立后最严重的疫情，在 2003 年 8 月中旬宣告结束。

由于应对经验不足，疾病暴发之初，疫情一度被瞒报。钟南山接手后，主张研究有依据的治疗方式、无隐瞒披露。面对媒体，他多次发言，大大缓解了社会的恐慌情绪。

毫无意外，“非典”之后，全国人民都记住了钟南山的名字。作为一个医者，他懂专业、有担当、讲真话，被誉为“国士”（见图 2–1）。这是一个人所能经历的最惊心动魄的故事，对钟南山来说，故事的转折点大概就在那个清明节——在他于父亲墓前喃喃自语之时。

图 2–1　2012 年，76 岁的钟南山院士出诊（广州呼吸健康研究院 供图）

小白鼠的味道

钟南山的父亲钟世藩有着传奇的一生。他生于 1901 年，是一名孤儿，9 岁被带到上海做仆人，凭借勤勉聪慧，考入北京协和医学院，而那时的入学者在全国仅有 40 个。在美国纽约州立大学取得博士学位后，钟世藩到南京中央医院担任儿科主治医师，新中国成立后成为华南医学院（现中山大学中山医学院）教授。钟南山的母亲廖月琴毕业于北京协和医科学院高级护理专业，曾任中山医科大学肿瘤医院副院长，是广东省肿瘤医院创始人（见图 2–2）。

图 2–2　钟南山（后排右一）与父母、妹妹合影（广州呼吸健康研究院 供图）

1936 年 10 月 20 日，钟南山生于南京，医院地处钟山以南，故父亲钟世藩为他取名“南山”。

举家搬往广州后，钟南山的学习成绩并不好。他迷上了武侠片，曾经找了一把大伞，推开三楼的窗户，想像武侠人物一样用轻功飞起来。但他把伞撑开往下一跳，却重重摔到了地上，过了一个小时才能起身。三楼外有一棵竹子，年少的钟南山常常扒着竹节爬上去，再顺着竹子溜下来，也会顺着楼外墙壁上的水管下到地面。他常和同学玩闹，与人恶作剧，为逃避别人的追赶，他越跑越快。因为贪玩，刚到广州时，钟南山甚至留了一次级。

五年级时，钟南山在作文里写过一位同学。那个同学比他年长，出身贫穷，喜欢音乐，教养很好，也在学校校卫队充任保安。有一次，班里有人丢了钱，有人怀疑这位同学，当他问钟南山信不信他是清白的，钟南山说信。钟南山将这件事写进了作文，老师评价：“很真实，有感情，写出了对于一个普通贫困人家的同学的真挚情感。”

老师的肯定让钟南山受到了很大的鼓励，母亲夸他：“南山，你还是行的呀！”母亲还许诺，如果考上中学，就奖励他一辆自行车。钟南山的自尊心得到了极大的满足，从那时起开始认真读书。1949 年，他以全校第二名的成绩考上岭南大学附属中学（现华南师范大学附属中学）初中部。他开始明白：勤奋做事、取得好成绩，就能赢得别人的尊重。初中三年，他始终是班上的第一名，初三时因为成绩突出，还直升岭南大学附属中学高中部。

父亲钟世藩一直从事乙型脑炎病毒的研究。当时科研经费紧张，他自费买小白鼠在书房做实验，钟南山的医学启蒙也由此开始。他爱逗小白鼠，也爱看父亲做实验，常在一旁刨根问底。父亲让他帮助照顾小白鼠，他认认真真，每天都去投喂。有人来找他父亲，问邻居钟家的住址，邻居说："闻到什么地方老鼠味道大，就是他们家。"

晚上，经常有家长带着孩子来钟家看病，孩子康复后，钟世藩显得特别开心。钟南山说："那个时候给我的感受是：当医生能给别人解决问题时，他就会得到社会的尊重，有很强的满足感，这是当时的一个热爱的原因。"

钟南山还经常在医院里耳闻目睹父亲对待病人的态度和方法，这坚定了他当医生的信念。1955 年，钟南山考入北京医学院医疗系。

还在高中时，钟南山被苏联文学吸引，钟爱《远离莫斯科的日子》《钢铁是怎样炼成的》等图书，立志成为保尔·柯察金式的青年，保尔的名言也成为他的座右铭："一个人的生命应当这样度过：当他回首往事时，不因虚度年华而悔恨，也不因碌碌无为而羞愧。这样在临死的时候，他能够说：我整个的生命和全部的经历都已献给世界上最壮丽的事业——为人类的解放而斗争。"

钟南山至今记得高中语文老师讲过的一段话："人不应该单纯生活在现实中，还应生活在理想中。人如果没有理想，会将很小的事情看得很大，耿耿于怀；人如果有理想，身边即使有不愉快的事情，与自己的抱负相比也会很小。"

"后来慢慢察觉到这句话真正的含义，一个人一辈子都要有追求。"钟南山说，"我这辈子经历了这么多，每一次都非常艰难，但每一次都能战胜困难。为什么呢？因为我自己有一个追求。"

体育健将

对体育的钟爱贯穿了钟南山的一生，甚至大学报到的第一天，钟南山没有干别的，而是直接钻进田径场练习起跑技术。

小学六年级起，钟南山开始参加体育比赛。1954 年，他参加过广州市运会，取得了 400 米比赛第四名的成绩。高三时，他又代表广东省参加在上海举办的运动会，获得了 400 米比赛全国第三。除了父母的影响，对钟南山影响最大的是体育：培养了他不服输的性格、战胜困难的勇气，让他学会了善于拼搏。

因为体育出色，钟南山的人生轨迹本有可能全然不同。高中时，中央体育学院（现北京体育大学）寄来一封信，希望他到国家队参加训练。但父亲建议他继续好好读书，搞体育竞赛不可终其一生，医学研究和治病救人却可以。钟南山考虑了自己的身高和兴趣，决定学医。

在北京医学院，他的体育成绩仍然突出（见图 2–3）。1958 年，钟南山代表北医参加北京市运动会，取得了 400 米栏第二名。随后，他被北京市体委看中，参加全运会集训，专攻跨栏赛跑。1958 年 8 月，在第一届全运会的比赛测验中，钟南山以 54 秒 2 的成绩打破了当时 54 秒 6 的 400 米栏全国纪录。1960 年，他获得北京市运动会男子十项全能亚军。钟南山在北京医学院创造的 110 米栏和 400 米栏的纪录，时隔半个世纪仍然无人打破。

第一届全运会结束后，北京市体委希望钟南山留在体工队。钟南山放弃了这个机会。他觉得自己的身体天赋有限，最多只能成为亚洲级别的运动员，无法取得更大的突破。他继续将治病救人作为从事一生的工作。

图 2-3　1956 年，钟南山参加九院校运动会，400 米比赛获得第一名（54 秒），能代表北医，心里总感到很骄傲（广州呼吸健康研究院 供图）

然而，成为医生的道路并非一帆风顺。毕业后，钟南山留校工作，先后担任辅导员、校报编辑、文宣队队员并从事放射医学教学工作，这些都与他期望的医务工作没有直接关系。在这一时期，钟南山遇到了篮球运动员、电影《女篮 5 号》的原型李少芬，两人成为一生的伴侣。

无论个人志趣如何，他都没有办法超脱时代的影响。1964 年，钟南山被派往山东乳山参加“四清运动”，与农民同吃同住同劳动。“文革”开始后，钟南山的家庭受到严重影响，受父母政治履历的影响，钟南山被迫离开教学岗位。因为运动成绩突出，为学校争得不少荣誉，他被安排去烧锅炉。但钟南山的品性不会因政治局势而改变，在一次献血时，他献出 400 毫升，昏倒在了锅炉房门口。次年，他加入下乡医疗队，来到河北宽城县，遇到病人却束手无策。作为医学院毕业生，他感到非常自责，但一时间无力改变人生的际遇。

钟南山35岁那年，妻子李少芬在一次比赛中意外脑震荡，在广州家中养病，希望他能回家照顾。这个请求得到了广州市革委会的支持，离开北京后，钟南山到广州第四人民医院（现广州医科大学附属第一医院）工作，终于成为一名医生。他本希望当胸外科医生，但医院考虑到他的年龄，将他安排到了急诊室。

“我从小就想当医生，上大学时做师资，从事新专业，后来搞放射生物化学。一直都服从分配，从来都是标兵、先进，所以1960—1971年，整整11年，我都没做医生。”钟南山后来说，成为医生是他一生的志愿，但在那个时代环境中，人生并非他能自主选择的。这次终于得偿所愿。

然而，到医院后不久，钟南山将一位咳出黑红色血的病人误诊为结核病，次日发现是消化道呕血，病人险些丢了性命。医院以“急诊室工作太累”为由，打算将钟南山安排到病房，与另一位同事对调，但被病房拒绝了。

这件事深深刺激了钟南山，他从竞技体育中学到的不服输精神再次显现。他把大量时间用在学习上，跟着大夫余真钻研治疗病人的方法、原理，每天回家后研究功课直到深夜。

余真大夫后来回忆：不过两三个月，原先粗壮黑实的运动员体格，减了不止一个码；原先圆头满腮、双目炯炯发光、笑口常开的一个小伙子，变得高颧深目、面容严肃，走路也在思考问题；原先紧绷在身上的白大褂，竟然显得飘逸宽松。外人甚至向她打探钟南山的健康是否出了问题。

8个月内，钟南山瘦了4公斤，写了4大本医疗手记，每个病例都有详细记录。他熟练掌握了消化道出血、溃疡穿孔、高血压病、脑血管病、心力衰竭及呼吸衰竭等急诊室常见的主要病症。其他医生评价他："顶得上一个主治医生。"

当上医生后，钟南山一直谨记父亲的教诲。钟世藩平日沉默寡言，可只要一开口就有理有据。1969 年，钟世藩与钟南山父子二人遇到一个生病的孩子，尿血很严重。钟南山一看，认为是一个结核病患者。父亲问他："你怎么知道他得的是结核病？"

这一问，竟把钟南山问住了。父亲后来告诉他，尿血可能是很多因素造成的，可能是膀胱的炎症，可能是结石，也有可能是结核病。做任何事都要有证据，医者人命，没有十足的证据，不可轻下判断。

往后，有理有据、只说真话成为钟南山面对棘手事件时坚持的原则。

中国人不是一无是处

父亲的品行影响了钟南山的一生，其中一个最重要的主题便是对祖国和人民的热爱。

在中华人民共和国成立前夕，国民党卫生署署长前往广州，面见时任中央医院院长的钟世藩，命令他携全家及中央医院的 13 万美元撤往台湾。

钟世藩拒绝了，选择留在广州。广州解放后，他把医院的全部款项悉数移交给了军管会。省医档案室至今还保留着一份已经发黄的档案——《1950 年中央医院财产移交清册》，正是钟世藩向军管会移交财产的记录。这本长达 410 页的档案记载了钟世藩当时移交的全部内容，包括文书、信件、图书、房屋、药品、医疗与生活器材、建筑材料等等，一应俱全。

这是钟南山接受的最直接、最真切的爱国教育。但直到人生的第43年，他的这份深沉情感才在一次包含了屈辱的经历中被直接触发。

1978年，打倒“四人帮”后，中国的知识分子重新出发，再次向科学进军。这一年，钟南山与他人合写的论文被评为全国科学大会成果奖一等奖。在一次资格考试后，他获得赴英国进修两年的机会。为了节省国家经费，在43岁生日那天，钟南山和同伴决定乘火车去英国，经过9天的跋涉抵达伦敦。

当时他的指导老师、英国爱丁堡大学附属皇家医院呼吸系主任弗兰里教授写信告诉他：根据英国法律，中国的医生资格不被承认，所以他不能进行临床工作，只能参观实验或病房。“你来8个月就可以了，再长对你我都不合适。希望你在伦敦的时候早点儿联系一下，看有没有别的地方可以去。”

收到来信，钟南山暗下决心，要为祖国争口气。

他发现弗兰里教授与戒烟有关的实验项目符合自己的研究方向，弗兰里曾推导过公式，但钟南山对他的结果有怀疑。他向皇家医院呼吸生物化学实验室主任罗伊要来一台出了问题的血液气体平衡仪，维修一番后，钟南山以抽自己的血进行检测，抽了30多次、共800毫升血之后，这台机器终于开始正常运转。

钟南山继续钻研，完成了对实验的设计后，他找来许多吸烟者作为研究对象，但仍缺少系统的观察和一手数据。他决定用自己的身体做实验，他一边吸入一氧化碳，一边根据吸入浓度的提高抽血检验。当一氧化碳浓度达到15%时，钟南山觉得头晕，此时一氧化碳的浓度相当于一个人连续吸食五六十根香烟。同行奉劝他停止，但他估计，浓度要到18%，实验曲线才能做得比较完整，他坚持继续吸入，直到浓度达到 22% 才停手。3 个月后，他把实验曲线做得很漂亮。

最终，钟南山不仅证实了弗兰里教授的一个验算公式，还发现了公式推导不完整的问题。弗兰里教授听完钟南山的报告，决定将结果介绍到英国医学研究委员会去发表，并让他“爱待多长时间就待多长时间”。

两年内，钟南山先后完成四项研究，在呼吸系统疾病的研究上取得了 6 项重要成果，发表了 7 篇重磅学术论文。他还获得了伦敦大学圣巴弗勒姆学院和墨西哥国际变态反应学会的荣誉称号，改变了英国同行对中国医生的看法。钟南山回国前，英国爱丁堡大学极力挽留他在皇家医院工作，但他一心回国。

回国后，钟南山收到了中国驻英大使馆转交的一封信，导师弗兰里教授在信中写道：“在我的学术生涯中，与许多国家的学者合作过。但我坦率地说，从未遇见过一位学者像钟医生这样勤奋，合作得这样好、这样卓有成效。”

父亲钟世藩也表扬了钟南山：“你终于用行动让外国人明白了中国人不是一无是处。”在钟南山的记忆中，这是父亲第一次表扬他。

直到现在，每当钟南山向学生谈起在英国进修的故事，都会告诉他们：“有一天你们也会走向世界，但是请你们记住：科学没有国界，但科学家有国界。”

纵观钟南山的科研生涯，他一直将慢性阻塞性肺病作为主要研究方向，在中国，这种疾病位列人群死因的前三位。1999 年起，钟南山带领团队提出对慢性阻塞性肺病进行早期干预的重要方法。如今，世界卫生组织编撰的新版《慢性阻塞性肺病全球防治指南》中收录了钟南山团队的成果，其中两篇论文分别被评为《柳叶刀》年度最佳论文及年度国际环境与流行病领域最佳论文。

在世界顶级的《新英格兰医学杂志》上，钟南山与冉丕鑫一道发表了有关慢性阻塞性肺病的研究成果，引发全球呼吸疾病领域的轰动，这是他在抗击“非典”之后最满意的一件事情——中国的医学学者同样能为全人类的医学事业做出重大贡献。

再次临危受命

“请钟院士今天务必赶往武汉。”助理苏越明收到来自国家卫生健康委员会信息的时间是 2020 年 1 月 18 日。

22 天前，湖北省发现一对老年夫妇及其儿子的肺部出现了同样的炎症。数日后，医院接收了 4 名来自华南海鲜市场的病人，病症高度相似。很快，一种冠状病毒被确定为疫情的病原体。相关方面几乎立刻想到了钟南山。

收到信息的当天下午，广州南站人头攒动，满是返乡过节的欢声笑语。人们还不知道，一场比“非典”更严峻的挑战正在急速到来。

17 点 45 分，钟南山与苏越明坐上了赶往武汉的高铁，因为事出紧急，他们只能被临时安置在餐车的一角。

在餐车坐定后，钟南山立刻拿出电脑整理资料，直到晚上 9 点才停下来，头靠椅背，闭眼小憩。苏越明拍下了钟南山那一刻的样子，事后苏越明回忆说：“他已经很累了，但他从来都不会说，从来都不会。”

1 月 20 日晚间，84 岁的钟南山作为国家卫健委高级别专家组组长，接受了白岩松的采访，他指出新型冠状病毒很可能来自野味，“肯定的人传人”且

“已有 14 名医务人员被感染”。他提醒公众提高防范意识，戴口罩，勤洗手，没有特殊情况就不要去武汉。

在答记者问时，钟南山重申了“人传人”的事实，并告诉公众 95% 以上的病患跟武汉有关系，而且已经证实有医务人员感染。

钟南山的言论更新了官方最初的说法，又是一次一锤定音的发声。

互联网上，人们纷纷感到庆幸：“还好我们有钟院士。”也是在这一天，苏越明拍摄的照片与钟南山奔赴武汉的消息一起上了热搜。《人民日报》微博评价钟南山：17 年前奋战在抗击“非典”第一线，如今再战防疫最前线，84 岁的钟南山有院士的专业，有战士的勇猛，更有国士的担当。

钟南山的公开发言再次成为疫情的转折点。湖北省各市区相继封锁，参照 2003 年北京小汤山医院，武汉市开始建设雷神山、火神山两所医院，用于危重症患者的集中治疗。同时，方舱医院动工修建，集中收治轻症患者。中国的抗疫局势很快被扭转。

从武汉回到广州后，84 岁的钟南山暂时离开了抗疫的第一线，但广州医科大学附属第一医院援鄂医疗队队长张挪富几乎每天都要与他沟通。“冬天会不会有第二波疫情？学生要不要开学？开学了要不要戴口罩？”张挪富说，事无巨细，总有问题需要钟南山提供意见，压力在所难免。

作为曾经的运动健将，钟南山的身体一直很好，这一年偶然会有点儿小症状，但张挪富发现：“他有一种精神、有一种干劲儿，总觉得工作起来会更好，让他休息反而会不舒服。”

钟南山工作室的墙上挂着“敢医敢言”四个大字。2003 年以来，无论面对“非典”还是甲型 H1N1 流感、H7N9 型禽流感、MERS（中东呼吸综合征）等病毒，钟南山总是在一线，他的每个言论都会在人群中广为流传。在“非典”和新冠肺炎疫情中的两次挺身而出，让他成为人们心中公信力的代表。2020 年 8 月 11 日，国家主席习近平签署主席令，授予钟南山“共和国勋章”。

在经历了“非典”与新冠肺炎两次疫情之后，钟南山变得格外忙碌，但有些事情是他从来不会忽略的。门诊依然被钟南山视为“必要的事情”，同样必要的是周三上午的查房，他的学生、护士、护士长、主治医生、主任医师紧随其后。

每个周四下午依然是钟南山的例行问诊时间，如无特殊情况，两点半他会准时出现在门诊三楼的诊室，直接面对从全国各地慕名而来的患者。

这些患者通过专家热线预约，提交病例后由助手们筛选，紧急的病症会被优先安排。有的病人愿意为此等待长达六个月，只为由钟南山一对一问诊。最多时，预约的病人甚至排到了两年后。

大部分时间，钟南山是不苟言笑的，看上去似乎有些“威严”。但当病人走入诊室时，他的脸上立刻洋溢着干净又暖心的笑容，轻声问：“你哪儿不舒服啊？”

不论身兼多少职务、获得多少荣誉，钟南山总会不断地重复一句话：“我不过是一个看病的大夫。”

（文 / 张明萌）

科学精神内核

生于医学世家的钟南山似乎注定要成为一名杰出的医生，但在这条道路上，他经历了一次次波折：人生的多种选择，“文革”的动荡岁月，改革开放后国家百废待兴的局面，都有可能使得他的人生走向另一个方向。

不过，人生的遭遇同样造就了钟南山。动荡教他坚韧：1971 年到广州第四人民医院正式成为医生之初，为了提高自己的专业能力，钟南山每天研究功课直到深夜，8 个月内写了 4 大本医疗手记，人也瘦了 4 公斤。波折教他坚守原则：在“非典”疫情中，钟南山不畏权威、敢讲真话，一句“把重症病人都送到我这里来”至今为人铭记。

在科研方面，钟南山在留学英国期间不惜以身实验，发表了多篇有关呼吸系统疾病的重要研究论文，改变了英国同行对中国医生的看法。他证明了中国的医学学者同样能为全人类的医学事业做出贡献。

2020 年，被公众赞誉为“国士无双”的钟南山已经 84 岁，他仍然坚持在一线问诊，医者本色丝毫未改。在他看来，无论获得过多少荣誉，自己仍然是一个“看病的大夫”。

HE

3

张益唐

数 学 天 才 和 他 孤 独 的 二 十 年

张益唐，数学家，美国加利福尼亚大学圣塔芭芭拉分校数学系教授，1955 年生于上海，1978 年考入北京大学数学系，1992 年毕业于普渡大学，获博士学位。2013 年，他成为破解数学领域最著名猜想之一“孪生素数猜想”的关键人物。

淡泊名利

U N W O R L D L I N E S S

纯粹执着

P U R E   R E S O L U T E N E S S

大器晚成

L A T E   B L O O M E R

雄心勃勃

A M B I T I O N

又一个解决了“孪生素数猜想”的人

新罕布什尔州位于美国的东北部，这里的冬天寒冷而漫长，但到了春天，整个地区便被大片的草地和枫林装点得绿意盎然。

2013 年 4 月的一个清晨，一个华人走进了新罕布什尔大学数学系主任爱德华·欣森（Edward Hinson）的办公室，隔着桌子递给他一份手稿，说他准备待会儿就把这篇论文投给世界权威学术期刊——《数学年刊》，论文题目是“素数间的有界距离”。

这个叫张益唐的华人已经 58 岁，鬓角有了白发，来到新罕布什尔大学 14 年，仍然只是一位讲师。他发表过的论文少得可怜，总共只有两篇，上一次还是 12 年前，再上一次是 1985 年，因此，晋升为教授的提议曾遭到系里同事的反对。至于《数学年刊》，它是全球顶级的专业刊物，整个 2013 年共收到 915 篇论文，只发表了其中不到 4%。

“直到那一刻，我甚至都不知道他在研究这个。”系主任爱德华·欣森后来说，他知道这篇论文的分量，他只是有些震惊。

这篇论文研究的“孪生素数猜想”十分古老，最早要追溯到欧几里得的研究，难度不亚于著名的“哥德巴赫猜想”和“黎曼猜想”。长久以来，无数人想要解决它，其中不乏伟大的数学家，也就是整个人类中最聪明的头脑，但往往才踏出第一步就如同置身于梦魇。

当时的数学界几乎没有人知道张益唐这个名字。他斯斯文文的，戴着一副眼镜，性格有些孤僻，与人合租在离新罕布什尔大学约 13 公里的地方，每天坐公交车上下班，每学期上 4 门课，按日结薪，没有研究经费，就连数学系的同事都常常忘了他的存在。当地不足百人的华人小圈子对他知之甚少，只把这位同胞看作一个古怪的人。

离开系主任的办公室后，这位古怪、不出名的讲师张益唐投送了他的论文，这一天是 2013 年 4 月 17 日。

很快，《数学年刊》的编辑收到了论文，但有些拿不准。遇到这种情况时，他们会去求助相关领域的权威人物。

这一天，普林斯顿高等研究院的解析数学家恩里科·邦别里（Enrico Bombieri）正在教师餐厅用餐，《数学年刊》的编辑径直地走向他，语带困惑地问：“邦别里教授，我们收到一篇关于孪生素数的有界距离的论文，是一个不知名的华裔数学家寄来的。我们收到过太多这种论文，该怎么办呢？”

如果说素数研究领域有世界公认的权威，那么邦别里教授就是其中之一：基于对素数的研究，他获得过 1974 年的菲尔兹奖——数学界的最高荣誉之一。

事实上，多年来，许多数学爱好者纷纷发送邮件给邦别里教授，声称找到了解决孪生素数有界距离的方法。对此，他认为最恰当的回复是：不要发论文给我，我也不看。

另一位数学家、圣何塞州立大学的丹尼尔·戈德斯通（Daniel Goldston）教授说得更直白，他说："我可以说是拒稿的专家，我见过许多声称证明了'孪生素数猜想'的人，但他们写的都是垃圾。"

戈德斯通教授有这么说的底气，他曾是最接近证明"孪生素数猜想"的人。2003 年，他与另外两位数学家取得了激动人心的成果，离终点的距离只差分毫，但最后数学家们都悲观地认为："目前，我们受知识和方法的限制，这一步是不可能跨过去的。"戈德斯通说，他在有生之年大概是看不到答案了。

另一位接到审稿邀请的数学家亨里克·伊万涅茨（Henryk Iwaniec）则很快开始研读张益唐的论文。他一开始并无多大兴趣，以为又是哪个数学爱好者的妄作，但渐渐被深深吸引。他发给《数学年刊》的编委彼得·萨奈克（Peter Sarnak）教授的第一封电子邮件是："这篇论文有一个好的想法。"第二天，邮件的措辞就变成了"这篇论文有一个很好的想法"。

伊万涅茨以一封封邮件递进着自己的惊讶：

"这篇论文有一个非常好的想法。"

"这篇论文有可能是对的。"

"这篇论文非常可能是对的。"

"我认为这篇论文是对的。"

审稿的第二周，伊万涅茨教授把自己关在家里。他不再看张益唐的论文，而是按照张益唐的思路重写了一遍，写完，他确信自己的结果与张益唐的别无二致。第三周，伊万涅茨开始逐字逐句挑论文里的错误。后来张益唐说，伊万涅茨挑得非常细致，比如文中有一个英文单词应该是复数，自己用成了单数，但论文是对的。

震惊数学界

张益唐研究的“孪生素数猜想”是一个困扰了人类几千年的问题，但它的基本描述其实非常简单。

素数又称质数，指只能被 1 和它本身整除的数字，包括 2、3、5、7、11、13、17 等，可以说素数是数字世界里最基本的概念。在这些素数中，相差为 2 的素数对被称作“孪生素数”，比如（3，5）、（5，7）、（11，13）、（17，19）。

人们发现，随着数字变大，孪生素数越来越稀少，那么最终会不会再也找不到新的孪生素数呢？ 2 000 多年前，古希腊数学家欧几里得曾猜想，这样的素数对应该有无穷多个，但他无法证明。这就是“孪生素数猜想”。

千年以降，这个猜想依然停留于数学家的头脑中。1900 年，德国数学家希尔伯特在巴黎举行的第二届国际数学家大会上发表题为“数学问题”的著名讲演。他根据过去（特别是 19 世纪）数学的研究成果和发展趋势提出了 23 个值得数学家思考的数学问题，“孪生素数猜想”是第 8 个待解答问题的一部分，和它一起被提出的正是广为人知的“哥德巴赫猜想”和“黎曼猜想”。它们是数学殿堂的尖顶，代表着人类智力所能企及的顶峰。为了证明它，百年来的数学家们孜孜以求，变换出了许多种方法。

2003 年，戈德斯通教授与另外两位数学家合作，证明了存在无穷多个素数对，它们之间的距离总是小于一个定值，只是尚不能确定这个定值是多少。这是一个激动人心的成果，他们离终点只差“一根头发丝”的距离。为此，世界各地的顶级数学家在普林斯顿高等研究院开了一周的讨论会，试图跨过“这根头发丝”，但最后他们仍止步不前，甚至一度陷入绝望。

这一切终止于张益唐的《素数间的有界距离》，他在论文中证明了存在无数个素数对（p, q），其中每对素数之差，即 p 和 q 的距离，不超过 7 000 万。

张益唐所用的方法是一种渊源久远的筛选法，可以追溯到公元前 3 世纪天文学家、数学家埃拉托色尼的研究，因此也被称为“埃拉托色尼筛选法”。

张益唐后来对媒体解释说，可用这种简单的筛选法找到 1 000 以下的素数，写下所有的数字，然后删除 2 的倍数，因为这些数是偶数，不可能是素数。然后删除 3 的倍数、5 的倍数，以此类推，一直到 31 的倍数。此前戈德斯通教授等人使用的也是筛选法，对于那个令他们头痛不已、止步不前的定值，张益唐给出的答案是 7 000 万。

“一个数学圈外的人做到了，这太不同寻常了。”当张益唐的论文横空出世时，众人的反应像戈德斯通教授一样，整个数学界陷入震惊当中。虽然要将 7 000 万缩小到 2 才算是最终证明了“孪生素数猜想”，但从无穷大到 7 000 万是从无到有，仿佛黑暗中的第一线光。戈德斯通教授说：“从 7 000 万到 2 的距离与之相比微不足道。”

张益唐的论文发表之后，全世界的数学家纷纷沿着他论文中的思想，争相将 7 000 万压缩为更小的数字，一个叫作詹姆斯·梅纳德（James Maynard）的英国数学家将这个数字推算到了 246。曙光似乎就在眼前。

回到 2013 年属于张益唐的那个春天，《数学年刊》从收到该论文到刊发仅仅用了三周，是创刊近 130 年来最快的一次，要知道它通常的刊发时间是 24 个月，有时甚至长达四五年。

张益唐听到这个好消息后拨通了妻子孙雅玲的电话，那时她远在圣何塞。张益唐让妻子留心媒体的报道，因为“你会在那上面看到我的名字”，妻子却回应他说：“你是不是喝醉了？”

人们一时无法把世界级的数学成就和那个普普通通甚至有些潦倒的讲师张益唐联系起来。张益唐的好朋友齐雅格在网上看到有关他的铺天盖地的报道，一度不敢相信。他兴奋地打电话给张益唐，确认消息后才向他表示了祝贺。

张益唐执教的新罕布什尔大学数学系随后也告诉他不用教书了，薪水会涨，职位也会晋升。系里的秘书老太太关心的却是：张益唐以后还会给系里的饮水机换水吗？

直到这时，人们才逐渐了解到，张益唐曾是北京大学极富天赋的数学天才，20 多年来却过着一种常人难以理解的孤寂又困窘的生活，一度居无定所，甚至在朋友、家人的世界中消失了很多年。

他的妹妹张盈唐回忆，在失去联络 8 年后，她与母亲在 2001 年终于重新联系上了哥哥，并收到了他寄来的照片，母亲看着张益唐的近照不禁流下了眼泪：“这照片上的毛背心还是他出国前我亲手给他织的，这手表也是出国的时候带的。你哥哥这些年过的是什么日子啊！”

随着媒体报道的深入，人们对张益唐的身世、前半生的故事越发感到惊讶，其中包含了一个人为追寻智慧、真理所能付出的一切，当然，还有那令人欣慰的、精神上的纯粹报偿。

天才少年

张益唐 1955 年出生在上海，父亲曾经是中共地下党员，新中国成立后有一段时间是清华大学无线电工程系的教师，母亲则在当时邮电部机关工作。张益唐名字中的“唐”是母亲的姓，“益”字谐音“一”，寓意他是家里的第一个孩子（见图 3-1）。因为父母都在北京工作，所以张益唐小时候一直跟随外婆在上海生活。

“我的外婆家就是很普通的工人家庭，舅舅、姨妈们的最高教育程度是初中毕业，我外婆则基本上不识字。”虽然父母都是高级知识分子，但因为分隔两地，学龄前的张益唐并没有受过所谓家学的熏陶，只是从很小的时候起，他对书本和知识的兴趣就像蒲公英的种子悄然四散萌发，他通常将之归于自己内向的性格，这种性格让他倾向于独处，他说这是一种天生的好恶：“我喜欢读书、思考，没人教过我，但我喜欢这些。”

张益唐最早的兴趣还不在数学上，他还在上幼儿园的时候就迷上了小舅舅的地理课本，甚至发烧说胡话，嘴巴里冒出来的都是世界各国首都的名称，后来他的兴趣逐渐转到数学上。

图 3-1　张益唐与父母、妹妹合影（张盈唐 供图）

“我的启蒙是在 20 世纪 60 年代，那时有一套给青少年的科普读物《十万个为什么》，后来又出了几版。我记得最初有五册，后来又加了三册，其中第七册是生物，第八册是数学。我那时大概 10 岁。”张益唐从那时起就有了自己心目中的“数学英雄”——著名数学家高斯，他享有“数学王子”之称。可以想象，这样一位光彩夺目的数学天才在幼年的张益唐心中留下了怎样的印象。

张家长辈直到如今都爱拿一个段子说笑——“舅舅大婚之日，外甥大哭一场”，指的是大舅的婚礼上，小孩子按习俗要单独坐一桌，但倔强的张益唐一定要和数学老师姚先生坐在一起请教数学问题，大人不同意，他就在舅舅的婚礼上大哭一场，搅乱了一场喜事。

虽然张益唐并不愿被称作神童，但如今流传下来的都是这样的故事。至于为什么是数学，他曾经解释说："数学和文学，甚至和音乐，有很多共通之处，都是一种对美的追求。我们往往在朦胧的、不是很清楚规范的时候，反而能感受到一种美。"

在数学之外，张益唐并未偏废文理，他有着良好的古文功底，这倒可能和家学有关。他的父亲写得一手好毛笔字，喜欢《稼轩长短句》和《白香词谱》，张益唐从小就能背诵《西游记》和《红楼梦》里的内容，对《古文观止》爱不释手，对西方文学（包括雨果、巴尔扎克、莫泊桑和陀思妥耶夫斯基的作品）也知之甚详。40 多年后，采访他的记者发现他随身携带的不是数学书，而是卡夫卡的长篇小说《城堡》。

原本平静的生活被"文革"打破，张益唐的父母都被打倒，他跟着母亲下放去了位于湖北农村的干校参加改造。那是一个读数学书也要受呵斥的年代，少年张益唐必须在泥泞的土路上扛起上百斤的麻袋艰难前行，没有人同情他。因为父母的政治问题，他无缘上高中，人生差点儿被定格在务农的命运。"文革"后期回到北京，他错过了高中，只好去一家制锁厂当工人，开冲床，制造一种如今已被淘汰的挂锁。未来的数学家人生彷徨，似乎刚摆脱务农的命运，又要当一辈子的工人。

在莫测的人生中，只有数学能带给他一种坚实感，当然数学很难，但数学的世界不是莫测的。张益唐说："我真的相信数学应该非常纯粹。我相信数学是有逻辑的。你刚开始思考的时候，一切都很不清晰，但它可以渐渐清晰起来。那可以说是一种直觉，有时候直觉是很难用语言描述的。"

这是后来所有故事的起点，青年张益唐在数学里以梦为马。1973 年，张益唐读到了《中国科学》杂志上发表的陈景润的论文《大偶数表为一个素数及一个不超过二个素数的乘积之和》，名字拗口，基本属于外行人看着每个字都认识但就是不明所以。张益唐说，后来有些报道说他是在 1978 年读了徐迟的报告文学后才对数论产生了兴趣，其实不是，在这之前他已经有所涉猎，而且基本上都能看懂。

当时张益唐是工人，虽然每天都要待在工厂里，但工人身份也有好处：做了工人就有工作证，周末就可以去普通人无缘进入的图书馆。在中国国家图书馆，青年工人张益唐一个人泡在里面，看数论重镇山东大学的学报，看王元、潘承洞等数论大家早期发表的文章，后者是他攻读硕士学位期间的导师潘承彪的亲哥哥。

那时候张益唐的英语水平不行，读一位意大利数学家于 1965 年发表的论大筛法的文章基本连蒙带猜，但仍为之着迷。他说："我说不出来为什么那种情况下就那么喜欢数学，而且我不能说没有收获，我还真能读懂，我这人就是喜欢数学。"

妹妹张盈唐比哥哥小 11 岁，她回忆起那个阶段的张益唐说："哥哥住在单独的另外一间。年少的我只记得哥哥的工作总是三班倒，哥哥把下班后的所有时间献给他的数学。他喜欢他的小屋，安静不受干扰；他宝贝他的时间，除了吃饭时间，最多也就是逗逗我们几个小孩子玩，一会儿就不见人影了，剩下的时间都窝在他那个小房间中捣鼓他的数学。"

1977 年高考恢复，张益唐报考北京大学数学系，第一次参加高考折戟了，不是数学、英语，而是政治没考好。第二年卷土重来，倔强又自负的张益唐却不愿读本科了，要直接报考研究生。一个中学都没读过的人竟然要直接读研究生，所有人都吓了一跳。

他的母亲坚决反对，两人大吵一架，谁也说服不了谁。母亲只好使出撒手锏，倒在床上，嘴里说着被张益唐气死了、气病了，又说，他要是不答应，自己就不去医院。张益唐是孝子，到此也就没了脾气，同意读本科，母亲的病也就忽然不药而愈。

后来，张盈唐说，哥哥能与北大结缘，也应该感谢母亲。

1978 年，张益唐第二次参加高考，考上北大，每科满分 100 分，他数学考了 90 多分，语文考了 82 分，都是难得的高分。虽然已经是恢复高考的第二年，张益唐却成为“文革”后北大数学系招收的第一批学生之一，因为前一年百废待兴，北大数学系甚至没有合适的教材，不得不暂缓招生。

张益唐所在的 1978 级也就成了数学系建系以来最特别的一届：既有“文革”前的“老三届”高中生，考上大学时已经三四十岁，也有张益唐这样二十来岁当过农民、工人的社会人员，还有穿军装的，当然也有不过十五六岁的天才少年，其中最厉害的是一个才读初二的学生，因为在全国数学竞赛中获奖，被北大破格录取。

在数学中孤独地求索多年之后，张益唐终于能与全国的数学精英共聚一堂，彼此惺惺相惜。在后来坎坷的日子里，张益唐说那是他一生中少有的快乐回忆。

等待新星升起

张益唐在北京大学度过了 7 年时光，在北大红楼上课，在未名湖畔跑步。

20 世纪 80 年代初，在北大数学系念书的人大都听说过张益唐的大名：是个高才生，深受时任北大校长、数学家丁石孙的赏识。同学王小东回忆说，因为数学方面的天赋，张益唐是北大的风云人物，“崇拜他的姑娘从学校南门排到了北门”。

但张益唐说，没有这么夸张，“在北大，我也不是考得最好的，别人都考 100 分，我不过 80 多分，这种情况也有”。他只肯承认自己相比其他同学更为专注，“除了睡觉，我总是在思考数学问题”。

后来他说，自己的反应灵敏度只是中等水平，如果去参加中学奥林匹克数学竞赛，可能得不到很好的成绩，但有一点“可能是我最大的特长，对于一个问题，我可以成年累月地思考”。

张益唐攻读硕士学位阶段师承潘承彪教授，潘教授是国内解析数论的领军人物之一。解析数论以纯粹的数学研究而著名，也就是说，它不在意研究是否有实用价值，而是执着追寻数字里蕴藏的真理之美。张益唐说，他喜欢这种感觉。

普林斯顿高等研究院研究员、2014 年沃尔夫数学奖得主彼得 · 萨奈克后来在北京遇见过潘教授，那已经是张益唐毕业多年之后。潘教授动情地说，张益唐是北大优秀的学生之一，他有着与之匹配的雄心，看上的都是大问题。

至于什么才称得上大问题，这既是一个专业标准的问题，也是人生的指引。

刚刚进入北大的那一年，张益唐读到一篇文章，他说：“有一个菲尔兹奖得主是比利时的德利涅，他是做代数几何的，后来他把代数几何用到数论里面去，解决了‘韦伊猜想’，看得我简直不想睡觉了，激动得不得了。”“韦伊猜想”是“黎曼猜想”在代数几何上的组成部分，和“孪生素数猜想”一样，都是困扰了整个20世纪数学界的谜题。

在北大，张益唐很快取得了硕士学位。出于天生的谦逊，他的回忆有些轻描淡写：“潘老师觉得那只不过是个硕士学位，他让我尽快拿到，所以我也就很快搞到手了，也就几个月吧。”

张益唐在数学方面的天赋毋庸置疑，很快，他在潘教授的指导下写出了生平第一篇论文，但他没有自满，反而生出警惕。他说：“现在想起来，我连看都不想看了，那时我就有一种感觉，怎么路越走越狭窄了，你不能只有这一套。这时你需要有点儿勇气，看胆子大不大，敢不敢否定自己走过的路，要自问我们这领域能不能和新的东西结合，要不断地问自己，天天问自己。”

他迫切想要出国看一看全世界数学界最新的研究。出国深造的选择摆在了面前，那时他是数学新星，校长丁石孙亲自安排了他的留学，为他选择了导师——美国普渡大学莫宗坚教授。莫教授是代数几何方面的专家，相比数论，代数几何的实用价值更大，虽然张益唐更向往纯粹的数论领域，但师长们认为一个数学天才不应只是沉迷于“虚空”，还要服务于时代的伟大进程。20多岁的张益唐听从了安排，当时他想的是拿到博士学位就回北大当老师，然后做自己的研究。他喜欢当老师，拿到硕士学位后，他在北大当过一段时间助教，教师弟师妹微积分。

于是，1985 年 6 月 21 日，踌躇满志的年轻人轻装简行，只提着一个箱子、背着一个挎包就离开北京，前往美国留学。所有人都以为会看到一颗数学新星冉冉升起，他将年少成名，誉满归国，但慢慢地，一年年过去了，以异乡为故乡的北大毕业生张益唐逐渐消失在人们的视野里。

困顿时光

“在美国读博士，因为一些个人的原因，把我弄得很‘惨’，当然网上有一些不是事实，但我也承认是把我弄得很‘惨’。”

熟悉张益唐的人都知道，他除了面对数学能够侃侃而谈，对于别的一切，他总是表露出不值一提的神情，即使那是一段青春蹉跎入中年的漫长岁月。

其实，一开始并不是这样的。

普渡大学是美国传统名校，培养出 13 位诺贝尔奖得主，中国的“两弹元勋”邓稼先、火箭专家梁思礼都毕业于此。张益唐初到学校报到时，校园里最高的楼就是数学系的。第一个学期，他和导师莫宗坚每天见面一次，研读莫教授关于“雅各比猜想”的论文，有时讨论会一直持续到黄昏。

“雅各比猜想”是代数几何里的经典难题，也是莫宗坚教授的研究领域，以此作为起点，大概也是导师和学生互相熟悉的方式。接下来的两个学期，他们与另外 4 个学生研读日本数学家广中平佑关于奇点的艰深论文。莫教授后来说，他相信己方 6 个人让世界上研读它的人整整翻了一番。

广中平佑因对奇点的研究获得了菲尔兹奖。作为专门奖励40岁以下青年学者的顶级数学奖，只有4个东方人获得过这一殊荣，但一直没有来自中国大陆的学者。20多年后，张益唐说："菲尔兹奖对我来说是个心病。"

准备博士学位论文时，张益唐选择以"雅各比猜想"为题。一开始莫宗坚教授感到惊讶，对博士生来说，这个题目太难了，后来他说在这个年轻人的眼睛里看见了雄心："透过他的眼睛，我看见了一个躁动的灵魂、一颗燃烧的心。我明白如果他是探险家，他就会去世界的尽头；如果他是登山客，他就要登上珠穆朗玛峰，风雨雷电都无法阻止他。"

后来的7年里，师徒间见面越来越少，张益唐独自做着研究，毕竟对数学家来说，一支笔，可能再加上一块黑板，就足够了。进展似乎一切顺利，"雅各比猜想"即将被证明的消息越传越广，直到有一天，连一位化学系的教授都好奇地问莫宗坚教授，听说你们系的一个中国学生做出了了不得的证明？

"益唐在博士学位论文里称他证明了'雅各比猜想'，他应该因此被授予菲尔兹奖。"

博士学位论文答辩时，答辩委员会一致认同那是一篇合格的论文，但审核的结果是张益唐错了，错误在于他用来引证的一项定理（来自莫宗坚教授）被证明是错误的，这让他的整个证明成了空中楼阁。

1992年，张益唐拿到了博士学位，"同时也失业了"。

他没有拿到莫宗坚教授的推荐信，莫教授也没有提出过帮助。毕业后，张益唐准备离开普渡大学，他得到了罗格斯大学的面试机会，他要去见解析数论大家伊万涅茨，其中潜在的意思是他决定回到自己心爱的数论领域，对此，莫宗坚教授祝他好运。

但彼时好运并未降临，与伊万涅茨教授的会面没有任何结果，一直要等到21年后，伊万涅茨教授才会重新认识这个当时的年轻人——2013年《数学年刊》邀请伊万涅茨教授担当张益唐论文的审稿人，他将成为后者做出的划时代证明的见证者。而那一年，张益唐已经58岁。

如果人生也分四季的话，那么离开普渡大学后，张益唐的人生便进入了严冬。他的博士学位论文成了年少气盛时一个并不美好的错误，当然也就无从发表，既没有导师的推荐信也没有代表作，这样的数学博士在美国寸步难行。

张益唐一直没能找到教职，有时住在肯塔基州，有时住在纽约，都是借宿，居无定所，有时睡在朋友家的沙发上，有时甚至住在车里。慢慢地，人们说他消失了，隐居了。

“他选择了孤独。”他的朋友后来评价道。

在纽约，朋友介绍张益唐和后来成为他妻子的孙雅玲认识，后者对他的第一印象可不好：“我一看土土的，戴着大黑框眼镜，我就说‘丑死了’。”介绍人开玩笑说：“别看这样，这是北大才子，学历方面的高智商，生活方面的零指数。”后来，孙雅玲第一次到张益唐家才算被震惊了，空空荡荡的房间里没有桌椅，睡觉就在沙发垫子上，“我当时想，这北大博士怎么混成这样”。

两个人唯一的共同爱好是喝酒。啤酒、红酒、白酒，啥都行，一瓶又一瓶，坐下来就能喝。孙雅玲生在东北，性格豪爽，喝酒也是个中好手，而张益唐酒量一般，酒品倒是好，不会劝酒，就是闷头喝。喝高了，不爱说话的北大博士话也就多起来，天文地理、历史人文、诗情物理，当然还有他最爱的数学，说起来滔滔不绝。在人生的逆境中，那才是一个北大才子深藏的锋芒。

1992—1999 年，数学博士张益唐在赛百味快餐店里做会计，忙的时候也帮忙收银。张益唐说：“后来我再回想，那时候是什么支撑我呢？不是说我的意志多坚强，而是我对很多东西看得比较淡，我对物质、对钱没有看得那么重。按一般人来讲，我是过得很惨，但我觉得这不是很好吗？我也有时间。读博士的时候，虽然我放弃了解析数论，但我一直关注，我觉得还是可以做。虽然我连工作都没有，但我还是可以回到解析数论里去。”

按照张益唐朋友的说法，以他的数学能力，可以在 IT（信息技术）、金融行业赚很多钱。他确实有过这个机会。1999 年年初，北大的一位师弟找到张益唐，请他帮忙解决一个网络设计中极难的纯数学问题，张益唐用一周就解了出来，后来那还成为一项专利。但类似的事情，张益唐再未涉足。

于是，在蹉跎的中年岁月，张益唐还是没有离开数学。他拥有这样的天赋，赚钱只是求知的手段，所以钱刚刚够用就好。只要他愿意，大脑随时随地可以关掉向外的触角，深潜进数学的世界。

在人生的逆境中，数学既是依靠又是梦想，既是逃离现实的手段又是最终的目的，里面没有阴谋倾轧，只有逻辑和美。

1999 年年初，朋友帮张益唐在新罕布什尔大学谋得了一份教职——编外讲师，只负责上课，大概算是教师里的“廉价劳动力”，但对张益唐来说，这是少有的回到大学的机会。接到电话，他立马就辞了职，飞去面试。在新罕布什尔大学，讲师张益唐是一个沉默又有些特立独行的人，他常常一个人在教学楼里踱步，既像是在思考又像是在神游，同事们形容他时提及最多的是“腼腆不爱说话，总是最后一个离开办公室”。

学生倒是喜欢他，在一份教学质量反馈报告上，有学生不吝对他的赞美：“Tom（张益唐的英文名）是最棒的！他是最好的老师！他总是把微积分讲得深入浅出，他还很幽默，所有学生都爱他！”唯一的建议是：“Tom 应该少抽些烟，那对他的健康不利。”

就是这样，不善言辞的张益唐只有面对数学才能侃侃而谈，他的幽默、他的魅力都来自数学。

还有一座高峰

2010 年左右，张益唐决定将“孪生素数猜想”作为研究方向，他阅读了邦别里、戈德斯通等教授的论文，知道数论大家们已经取得一些成果，但他认为他们的方法有太多限制、不够灵活，他想自己大概可以再试试。

这就是研究数论的优势，数学世界里很多历史悠久的未决难题都能归到解析数论里面，不用发愁没问题可解，发愁的只是你不知道怎么做。

当时张益唐不知道戈德斯通教授悲观的结论，他说：“后来我想要是我知道了，我会不会也悲观了，但我是孤独一个人，几乎在同时，我突然变得乐观起来，我发现了中间有一些关键的步骤，可以用另一种方式去接近，于是我就一个人在那做，严格来讲，我做了三年。”

张益唐沉浸在自己的世界里，很少与朋友交流，社交在他看来有些浪费时间。不过，朋友齐雅格说，每年自己生日时，张益唐都会打电话过来问候：“祝你生日快乐啊，好了，我是张益唐。”电话挂了，他立刻又回到数学世界里。

后来，有记者问张益唐：“数学家需要天赋吗？”

“需要的是专注。”他回答说，“而且，你永远不能放弃自己的个性。”

2012年7月3日，灵感最终到来的那天，如今已经成为一个传奇。

暑假，朋友用好酒吸引他去给自己的孩子补习微积分。朋友家附近的树林里常常有鹿经过，早上，张益唐原本是去看鹿的，没见着鹿，另一个世界却忽然出现了。后来在《纽约客》的采访中，他回忆了那个瞬间：“我看见了数字、方程一类的东西，虽然很难说清那到底是什么。也可能是幻觉。我知道还有很多细节有待填补，但我应该做出证明。想到这儿，我就回屋了。”

《素数间的有界距离》轰动了数学界，审稿人伊万涅茨评价张益唐的论文：“水晶般的透明。”

成名之后，一切都改变了，张益唐不再是无人问津的讲师，他受邀加盟了加利福尼亚大学圣塔芭芭拉分校，成为数学系终身教授。论文发表后的第二年，瑞典公主亲自颁发给张益唐罗夫·肖克奖中的数学奖项。同时出席的数学家都留出了时间在瑞典旅行，张益唐却没这概念，第二天就飞回美国上课去了。回到美国，他又被授予了麦克阿瑟天才奖。张益唐对妻子说：“我们结婚的时候，我说要给你许多，但我当时给不了，现在，你说说你想要什么？”

他成了数学界的英雄，从默默无闻到一鸣惊人，又让他活成了大众喜闻乐见的传奇。但就像人们惊讶于他的天赋一样，人们也惊讶于他对外在的冷静态度。

相比于出席晚宴、接受掌声，张益唐还是更喜欢一个人坐在办公室里与数学为伴。妻子孙雅玲说，他们住在海边，但4年的时间里张益唐只去沙滩看过一次海。他每天想着的就是去学校，理由是学校的网比家里的快，方便他做研究。采访他的记者们也纷纷体会到一种无力感，他少言寡语，甚至说自己可以一边接受采访一边思考数学问题。

是的，还是数学，就像张益唐所说，在数论的世界里，永远不必烦恼无事可做。外界还在惊叹于他过去创造的荣耀，他已经无心于此。

“我还有新的东西可以做，我相信我还能做出新的东西来。”

数学家哈代曾经说，他从不知道有哪个数学上的重大突破是由一个超过50岁的人提出来的。2020年，张益唐已经65岁，最新的目标是“朗道-西格尔零点猜想”，这是通往“黎曼猜想”的重要一步。他可不会因为哈代的一句话就动摇，他说：“这些话可以听听，我虽然知道，但我没放在心上。”

功成名就之后，张益唐再次将全部精力投入新的数学高峰。孙雅玲说，老伴去了学校研究数学，在家里还是思考数学，有时候自言自语，炒菜的时候，洗澡的时候，下楼梯的时候，老是念叨：“零点，零点，零点……”她就知道他又入迷了。

张益唐回国的次数变多了，他回到北大给本科生上暑期课。他喜欢和这些青年人待在一起，他们充满了求知欲的聪明头脑就和他当年一样，对数学满是憧憬。面对他们，那个沉默寡言的张益唐不见了，反而充满了诉说的欲望，他想把自己知道的都告诉他们。

“最终要判断一个人在数学领域能不能做出成就的标准是思想的深

度。”张益唐说，“如果是立志于做数学，那你在学习过程中觉得比别人慢也千万不要自卑，最后能不能成功是有很多原因的。”

“保持一种新鲜感，一种不满足，有时候胆子要大一点儿。对前人的成绩，不管是不是权威，你要想他也是有局限性的，他做的也不是最好的。因为我有这种感觉，所以我能往下做。”

“数学并不是一个简单的过程：定理一，证明；定理二，证明。数学当然要证明，但数学不完全是这样，如果只是这么一个过程，我就会觉得很烦。”

当然，张益唐也提到了自己的艰难岁月：“你们可以避免走我走过的弯路。”

最后在问答环节，年轻的学生们又把兴趣投到了这位传奇数学家身上。一个学生问他，如果当时一直在国内，还能取得这样的成就吗？张益唐想了想，给出了答案：“我的个性比较独特，如果在国内，可能干扰会多一些。但我相信我也能做下去。”

2014 年，张益唐受邀给北大毕业生做了一次演讲。他以平淡的口吻告诉大家：“我经常觉得自己做的程度很差——这是真的，但我并不失落，只是实实在在地去做。中间经历了很多挫折，每次我都坚持下来。如果别人问我有什么成功的秘诀，我只能说句大实话：我就这么实实在在地去做，而且坚持着。我过去是这样，将来也会是这样。”

（文 / 张瑞）

$S_1 = \sum_{n\sim x} \lambda(n)^2$
$l_0 > 0$
$\liminf_{n\to\infty} (p_{n+1} - p_n) < 7 \times 10^7$

科学精神内核

探索科学的最高目的是什么？是借此过上世俗人眼中的体面生活，还是为了追寻纯粹的真理？

张益唐坚决果断地选择了后者。经历了“文革”的动荡之后，他考入了北京大学数学系，并成为老师和同学眼中的天才。在美国获得数学博士学位之后，他却过上了颠沛流离的生活：在快餐店打工，睡在朋友家的沙发上，有时甚至就住在车里。

张益唐并非没有选择，凭借数学天赋，他原本可以在美国金融界获得高薪职位，也可以选择妥协，研究简单问题，发表论文，以此获取大学的教职。但是，张益唐考虑的全都是“大问题”，他的抱负在于解决那些困扰了人类数百年的数学难题。在外人看来，他的生活艰苦，但对张益唐来说，简单的生活为他思考数学提供了简单又纯粹的环境。

科学真理没有辜负他的执着。在58岁这年，他在权威学术刊物上发表了重磅论文——《素数间的有界距离》，将人类解决“孪生素数猜想”的努力推进了一大步，一举成为数学界的明星人物。在巨大的名利面前，张益唐再次远离喧闹，回到书房，研究数学的另一个高峰——“朗道-西格尔零点猜想”。

4

王贻芳

寻找最后的秘密

王贻芳，粒子物理学家，中国科学院院士，中国科学院高能物理研究所所长，1963 年 2 月生于南京，2015 年 11 月获得“基础物理学突破奖”，是首位获得该奖的中国科学家。他主导的大亚湾反应堆中微子实验，首次发现了中微子的第三种振荡模式，被视为新中国成立以来最重大的实验物理成就，并被《科学》杂志选为 2012 年十大科学突破之一，获得 2016 年度国家自然科学奖一等奖。

勤勉

D I L I G E N C E

爱国

P A T R I O T I S M

坚定

I N V I N C I B I L I T Y

专注

C O N C E N T R A T I O N

深圳排牙山上

王贻芳和中微子的故事，应该从深圳东部一个叫排牙山的地方说起。

2003 年秋，王贻芳第一次登上了这座掩映在葱茏树木中的山岗，越过嶙峋的花岗岩山体，能够望见大亚湾核电站，在那亮黄和灰色的巨大建筑里，总功率世界第二的核反应堆正静静运转着，并释放出海量的高能粒子。

排牙山的地势得天独厚，若在此建造地下实验室，凭借花岗岩山体的覆盖便能屏蔽绝大部分宇宙射线的干扰，以研究一种神秘的粒子——中微子。

时间拨回到 20 世纪 30 年代，那时物理学飞速发展，微观世界的大门被推开了一道缝隙，科学家们急切地窥其堂奥。美籍奥地利物理学家沃尔夫冈·泡利在研究核衰变时针对能量亏损现象提出了一个猜想：有一种不可探测的中性粒子带走了能量。这种未知粒子质量轻、飞得快、不带电又特别“害羞”，几乎不与其他物质交流，因此能逃脱探测，把丢失的能量带走，像黑衣贼消失在黑夜中，又像幽灵，每秒有数亿个这样的幽灵穿越我们的身体，而不和其他物质相互作用。这便是中微子。

后来，泡利写信给朋友，说他犯了一个物理学家能犯的最大错误：预言了一种“永远找不到”的粒子。在此后几十年的物理学研究里，中微子素有“幽灵粒子”之称。

如今我们知道，在 12 种构成物质世界的基本粒子（见图 4–1）中，中微子有 3 种：电子中微子、缪中微子和陶中微子。它们的脾气非常古怪，可以在飞行中从一种类型转变成另一种类型。物理学家把这种奇怪的现象称作“中微子振荡”，3 种中微子两两成对，也就存在 3 种振荡模式（见图 4–2）。

中微子研究在基础物理学中的重要性，再怎么强调都不过分：1998 年发现的大气中微子振荡模式和 2001 年发现的太阳中微子振荡模式，均在 2015 年获得了诺贝尔物理学奖。

到了王贻芳站在排牙山上的 2003 年，物理学界越发看好中微子的研究前景，美、日、法、韩、俄等 7 个国家相继提出 8 个测量“中微子第三种振荡模式”的方案。当时中国的基础物理学研究与国际水平相比仍差距不小，但王贻芳很有把握。一方面，他在国外研究的正是反应堆中微子实验，对设计和技术上的关键点非常清楚。他说：“实际上，那时国际上真正懂反应堆中微子实验的人不是特别多，很多前辈都离开去做别的实验了，我大概是留下来的人中最懂的。”另一方面，跟大型加速器实验相比，反应堆中微子实验需要的技术积累较少，适合在我国国内开展。

当时还在美国费米国家加速器实验室做加速器中微子实验的曹俊突然接

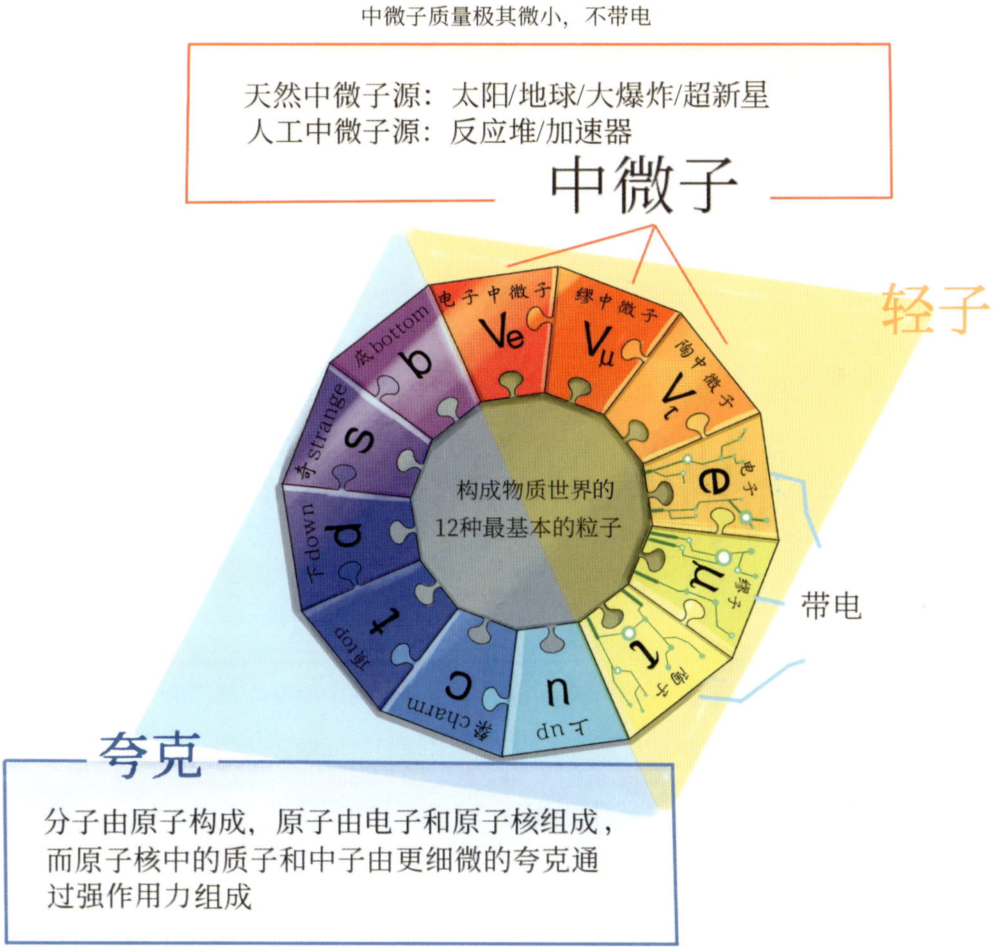

图 4-1　构成物质世界的 12 种最基本的粒子

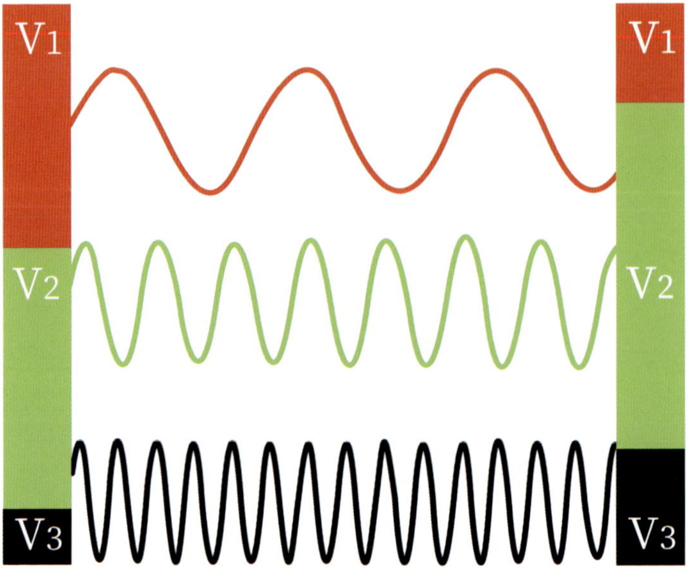

图 4-2　中微子振荡示意图

到了王贻芳打来的电话，王贻芳告诉他国内打算上马中微子实验，并问他：探测器做成方形的好，还是圆柱形的好？曹俊用两周时间做了模拟计算，认为圆柱形的最佳。王贻芳建议他赶快回国。之后，两人拿出自己的人才基金，加上中国科学院高能物理研究所特批的 100 万元，开始了实验设计和地点勘测。那时，国内真正有中微子实验经验的人只有王贻芳一个。从软件转做中心探测器（硬件）负责人的曹俊也正处在做科学研究最好的年纪，他在美国读了 5 年博士后，精力充沛，为一切未知的挑战而感到兴奋。俩人连轴转地工作，两个月就有了基本概念设计。

然而，这只是万里长征第一步，开始推动实验后，遇到的困难远比预想的多。

科学狂人

在粒子物理实验中，不存在“现成实验室”的概念，设备都必须自己设计和建造。王贻芳需要的 8 台探测器，每台重达百吨，怎么造是个大问题。

作为国内科研团队发起的第一个中微子实验，王贻芳必须向世界证明中国能够掌握核心技术。具体标志则是重要零部件的生产必须由国内企业完成，因此他坚持要在国内生产一个关键物质——液体闪烁体。

液体闪烁体（简称“液闪”）是探测中微子的关键物质，当探测器捕捉到来自核反应堆的中微子时，液闪就会发出微弱的闪光，仪器将放大并记录这些闪光。要保证液闪长期透明，技术要求很高，法国的一个实验就曾在进行到 100 天时因液闪浑浊而被迫终止。王贻芳让实验组与化学家合作，经过两年摸索，进行了无数次试验，做出了世界上最好的液闪。

对于粒子物理实验项目，没有国际合作也是不可想象的。但当时美国合作方希望用自己的设计方案，王贻芳则坚信经过不断优化的中国方案是最好的，灵敏度至少比对方高 20%。

2005 年年初，中美双方在香港中文大学开了一次“摊牌会”，分歧摆上台面。王贻芳跟对方的论辩持续了四五个小时：为什么是 8 台探测器，为什么每个模块 20 吨体量，每台探测器建在核电站附近的什么位置，近点建几台、远点建几台，本底是多少，精度是多少……针对每个问题，王贻芳都给出了经曹俊计算后的结论。美方则先后提出了六七个方案，4 台探测器行不行，每个模块 30 吨行不行，等等，都被王贻芳一一驳回。最后美方搬出了自己在国际上的声望和资历，试图压制王贻芳，而王贻芳强硬地坚持科学正确才是唯一标准，直到不欢而散，原本安排好的晚宴也取消了。当时在场的中方研究员杨长根和曹俊多年后仍记得那种紧张气氛。“他在科学论辩上反应很快，英文也好，只有他能用英文‘吵架’。”后来的项目总工程师庄红林说。

“政治问题当然有，大家都希望用自己的方案，”回忆起当时的争执，王贻芳说，“但合作的基础是科学，在科学层面，我比他好，让我放弃就绝不可能。”“他说话是很直的，特别是科学上的事情，不会拐弯抹角，对就是对的，也绝对不会说一些迎合别人的话。他始终保持了这一点。”王贻芳的大学同学、高能物理研究所实验物理中心副主任沈肖雁说。

在谈判过程中，王贻芳承受着巨大的压力。如果松口用了美方提出的方案，国际合作就成了，项目也就成了。很多人劝他：算了，就用美国的方案吧。但王贻芳想来想去，这个实验将是中国第一个有重大国际影响和科学意义的中微子实验，不能为了促成项目而放弃最基本的原则、最好的科学方案，而且如果用了美国的方案，即便项目做成了，也会被世人认为中国没有核心技术，那样的成功，他宁愿不要。

这一僵持，时间就过去了大半年。

王贻芳并不意气用事，而是不停歇地完善实验设计，把概念图变成工程图，同时各处奔走寻求经费支持。最终，科学技术部、中科院、国家自然科学基金委员会、中国广核集团有限公司以及地方政府共同出资 1.57 亿元。在当时，这无异于天文数字。

中方掌握主动权后，美方选择了妥协，重新组织队伍，美国能源部放弃本国的两个中微子实验方案，出资 3 400 万美元、投入造价 8 000 万元人民币的设备，转而支持大亚湾项目，它是当时中美在基础科学研究领域最大的合作项目。

2007 年 10 月，排牙山一声爆破，290 多名世界各国及地区的研究人员纷纷加入。中国项目终于跟韩国和法国的同类项目站在同一起跑线上，这也意味着王贻芳的压力更大了，如果项目不幸失败，或成果晚于同行，他都要担起责任。

但那时，王贻芳还顾不上这些，因为有太多具体的事情一件件压过来。

首先还是经费。在项目启动之初的几年里，科研人员只能坐 4 个小时的公交车往返于深圳机场和核电站，换乘三次，不允许坐出租车。王贻芳自己也是如此。“他干什么事先算账，如果允许现场人员都从机场打车去核电站，要多花 400 万元。”同事曹俊觉得王贻芳是最懂算账的物理学家。他记得，当美国同行提醒他，坐出租车到核电站虽然贵，但“节省很多时间”时，总是坐公交车的曹俊一时间不知道该怎么解释。

小处要省，大处更不能马虎。大亚湾实验的总经费远低于国际同等规模的实验。王贻芳亲自参与企业招标，尽力把探测器的制造成本压到最低，要求物理学家和工程师一起进工厂，确保生产质量。

项目建设时，土建进度最难控制。开山爆破，传到核岛的振动的加速度必须小于 0.01 g，相当于在检测仪 1 米外抬脚自然落地的振动水平。工程组始终把振动的加速度控制在 0.007 g 以内，绣花般地完成了近 3 000 次爆破。排牙山通道基础条件不好，有时挖着挖着突然塌方，只能等落石稳定后再加固隧道继续挖。

每个月，王贻芳都要和土建部门开会，几乎成了隧道专家，工序、技术如何，“猫腻”在哪儿，他都一清二楚。项目总工程师庄红林记得，施工现场的工人兄弟们常说“最怕、最服”的科学家就是王贻芳。实验工程副经理、时任高能物理研究所粒子天体物理中心副主任杨长根觉得，王贻芳简直是个“科学狂人”。

在一定意义上，王贻芳非如此不可，因为项目的所有步骤都在与国际同行赛跑。大亚湾实验在土建动工前就已落后于另外两个竞争实验，甚至当时法国已有现成的隧道和远点探测厅。但王贻芳心里有底，大亚湾实验的规模相当于法国的 20 倍、韩国的 5 倍，取数半年将超过对方 3 年。为了抢时间，他改变了既定程序，每个实验厅在装修阶段就同步安装设备（见图 4–3）。2011 年圣诞节，实验组完成前 6 台探测器的安装后就立刻开始取数（当时韩国的实验已经取数 4 个月），取数 5 天就发现了中微子振荡现象。

在数据分析的冲刺阶段，王贻芳随时组织讨论，温良剑、王志民等研究员常常连续工作 15 个小时以上，凌晨两三点仍然在网络工作台上。“王贻芳在战略上有独到的地方，”时任高能物理研究所副所长陈刚记得，“他要求我们搭建最优质的数据传输系统，大亚湾的数据必须高效地先到高能物理研究所，再高

图 4-3　2011 年 10 月，王贻芳在大亚湾中微子实验站察看设备安装情况（王贻芳 供图）

效稳定地传输到美国，确保占有主动权。”

2012 年 3 月 8 日是一个载入中国物理学历史的日子。在中科院高能物理研究所的报告大厅，王贻芳宣布：大亚湾反应堆中微子实验首次发现了中微子的第三种振荡模式，其振荡概率 $\sin^2 2\theta_{13}$ 值为 9.2%，误差为 1.7%。大厅里随即掌声雷动。

在前两种中微子振荡参数 θ_{23}、θ_{12} 已知后（2015 年诺贝尔物理学奖所授予的实验成果），精确探测到第三种振荡参数 θ_{13} 对人类理解宇宙起源及“反物质消失之谜”有重要的意义。

消息宣布后不久，世界高能物理学界也为之沸腾，欧洲核子研究组织、美国费米实验室等世界顶级实验室纷纷发来祝贺，甚至有人认为“这是一个诺贝尔奖级别的发现”。2012 年年底，《科学》杂志将中微子的第三种振荡模式列入了 2012 年十大科学突破之一。

天方夜谭

1963 年 2 月，王贻芳生于南京。南京城西有座幽静深沉的清凉山，100 多米高的椭圆山岗蜿蜒伸展，王贻芳的家就在山下，后来搬到小山东面的汉中门附近。

王贻芳小时候正值“文革”，父母自顾不暇，顾不上管教他，对他的学业也很少提出要求，因此他有大把时间玩耍。王贻芳记得，那时他们经常到工厂、农村学工学农，一去就是一个月，“不用上学、做作业，到外面过集体生活，对孩子来说还是挺好玩的”。学生们心里也清楚，中学毕了业就得下乡，学业出色并没有什么用处。对科学的尊重更是谈不上，就连物理课，也被改名叫作工业基础知识、农业基础知识。没有人讲科学。

父亲问王贻芳：“你将来想干啥？”他答：“我不知道。”

父亲是中医，也就问他：“你要不要学中医？要不要背中医口诀？”王贻芳研究了一天药理药性，但背不下来，不感兴趣。在那个物资贫乏的年代，学生们很难发展个人爱好，就连书籍都极为珍贵，偶尔有一本，会在很多人手里辗转传阅。

直到王贻芳读初三那年，事情才有了转机——全国恢复了高考。

“世界变了，完全不一样了，要往另一个方向努力了。原来上学是完全没有方向感的，谁知道将来毕业去哪儿，你努力也没有用。”

王贻芳所在的南京第四中学在 1977 年恢复高考时，是南京成绩最好的中学之一。这让王贻芳感到兴奋，他想：“前面的人能考上很好的学校，我们也应该有机会。”学校里开始分快慢班，老师非常尽责，周末给他们“吃点儿小灶”，压力也陡然增加。王贻芳不仅成绩出色，跟同学们相处得也非常融洽，经常在学业上帮助别人。

1980 年，王贻芳以出色的成绩考入南京大学物理系，但他从未想过要成为科学家，专业全凭分配。“你当然可以有目标，在绝大部分的情况下，这个目标其实都是一个很小的目标，比如你可以看到未来三五年，但你不可能十几岁的时候就看到未来几十年，那是绝不可能的。”王贻芳说。

入学之后，王贻芳逐渐明白，中国跟世界隔绝太久，高校中完全没有前沿的研究，课程也浅显而基础。那时，南京大学物理系 170 多位教师，真正有国际眼光和经验的教授“大概不会超过 3 人”。学了物理，未来要做什么研究，没有人知道。学生们只是朦胧地感觉到：“西方比我们强很多，到底强在哪里、怎么强，不知道，只知道别人比我们强很多。”

那时候少数成绩好的或者有海外关系的学生也会有出国留学的机会，但王贻芳说：“我就是一个普通人，没有特别的条件，也没有想那么多。”

看起来一切都很普通，但这并没有妨碍王贻芳后来的发展。

“我认为不存在成为科学家的规律，每一个人的成长都是很多偶然因素造就的，每个人都有机会。”王贻芳说，“我不是一个非要怎样不可的人，走到哪儿就沿着往前走，但是我走到一个地方不会东张西望地去找一个最好的选择。到我这个年纪，同学、朋友里比我聪明的人很多，但是聪明的人有什么问题？机会太多，任何时候都有新机会给他，他觉得什么都能得到，老是做选择，走到一个地方东张西望，再走到一个地方再东张西望，最后不知道走到哪儿去了。”

在南京大学求学期间，常有一些著名科学家来校做报告，给王贻芳印象最深的是吴健雄教授，她建议南京大学物理系研究中微子，但那时这根本是天方夜谭。

古埃及奴隶

临近毕业那年，王贻芳遇到了改变一生轨迹的机会。

1984 年，诺贝尔物理学奖获得者丁肇中来到中国国内招收研究生。王贻芳觉得丁先生当时在国内是“神一般”的人物，虽然他被学校推荐参加考试，但面对全国众多顶尖的竞争者，他没有抱什么希望。

面试时，丁先生说话中气十足，王贻芳觉得他看起来至少比实际年龄年轻 20 岁。他问王贻芳：光波在海水里面，是长波走得远，还是短波走得远？为什么杯子没有波粒二象性？

问题虽然不深，但绝非习题式的照本宣科，需要灵活琢磨一番。王贻芳回答他：杯子也有波粒二象性，但波长非常短，所以粒子属性体现得非常大，波长体现不出来。

王贻芳说："后来考上了有一点儿不可思议，超乎意料，觉得机会好像来得太容易了。"

不过，要跟随丁先生到欧洲做高能物理研究也有风险，因为"未来回国恐怕找不到工作"，但是能进入丁先生的实验室，一切都值了。

很快，21 岁的王贻芳飞往瑞士日内瓦，在那个风景秀丽的异国他乡加入了 L3 实验合作组，项目成员一共 400 多人，多个国家的数十个研究所、高校参与其中。

一开始没有高年级学生带，一切都靠自己摸索。王贻芳几乎参加每一个组的讨论会，有希格斯粒子寻找、有标准模型检验……到毕业时，高能物理实验应该掌握的技术，从探测器的设计、制造到最后的调试刻度、软件，再到数据分析，王贻芳全部都走过一遍。他说："我觉得这点很重要。我们有些年轻人只关心自己做的那点儿事，不关心别人的事，这样知识面就会太窄，你的技术、能力可能就会受限。"

当时身处欧洲核子研究组织另一个实验组的娄辛丑（现中科院高能物理研究所实验物理中心学术组长）和王贻芳有过同样的独自摸索的经历，他相信作为大型实验领导者的能力就是在彼时的高压条件下锻造的。

艰苦自不用说，前两年最令人头痛的是语言障碍。王贻芳回忆道："大家讨论问题的时候都喜欢用自己熟悉的、掌握得最好的语言。平时开会讨论，他们可能会很客气，你在那一坐，他就用英文，但到关键的时候、急了的时候，就说意大利文。你听不懂，就不知道他们在干什么，你就是个外人，人家再用英文给你解释一下。这种情况多了以后，自己也觉得不好意思，你希望成为他们中间的一员，希望能够在这里面起作用，你就得会他们的语言。刚去的时候，语言确实是有障碍，且不说意大利文，英文也有障碍。人家说的东西，我也不是都懂，很多东西很专业，也不太懂，也要学。我大概比别人更努力一些，晚上或者休息的时候，看书、看各种资料，会议上没有听懂的，回去再看。没什么别的办法，既然来了，既然让你做这个事，只能努力坚持把它做下去，然后慢慢就好了。真正能够参与组里的讨论，是两三年之后。”

那几年，王贻芳一天至少工作 12 个小时，有时更久（见图 4-4）。偶尔周末休息半天，他会去了解这个国家的文化，去博物馆了解它的历史，觉得很新鲜、很开心，他认为“这也是一种享受，我觉得学到了很多东西”，但短暂的休闲又会让他觉得不舒服，有负罪感。

组内竞争也使他感受到巨大的压力，不同的人在做同一个题目，进度慢的人的结果往往是徒劳无功。准备毕业论文时，王贻芳做了新粒子寻找的物理分析，在很短的时间内发表了 3 篇文章，还在组内认为不可能的情况下发现了陶轻子的极化。整个合作组 400 多人，他的第 3 篇文章是合作组的第 21 篇。后来成立了分析小组，他成为唯一的学生组长。

和丁肇中一起工作的那些年里，王贻芳觉得自己的工作方式和对科学的

图 4-4　1985 年，王贻芳在意大利佛罗伦萨大学攻读博士学位（王贻芳 供图）

判断都深受影响。他说："科学的问题有大有小，丁先生关心的都是重大问题。所谓重大问题，就是一二十年以后大家还认为是问题的问题。他解决重大问题的思路和方法也有自己独特的角度。"

丁肇中异常执着，实验时，他要求王贻芳设计的设备"对于问题，要 over kill（赶尽杀绝）"，一般人认为设备达到一定灵敏度就足够了，但丁肇中会说：不行，我要比别人好 10 倍。

"回想起来，当年他发现 J 粒子，就是因为他的探测器分辨率比一般的高了 10 倍。”后来，王贻芳在设计实验方案时，经常会想：我的设备一定要比别人的好很多，而不是好一点儿，只比别人好一点儿是不够的。

在丁肇中实验组的第 11 年，王贻芳决定离开，因为在这样大型的实验里，每个人的专业细分非常明确，没有办法整体把握实验。组里有一些跟了丁肇中 30 年的美国人，王贻芳觉得如果继续待下去，会跟他们一样局限在一个领域当中。

那时，反应堆中微子实验的鼻祖费利克斯·勃姆（Felix Boehm）发起了 Palo Verde 反应堆中微子实验——为了寻找当时尚未被发现的中微子振荡，于是王贻芳选择加入（如图 4-5）。

实验的核电站在美国凤凰城附近的沙漠里，周围没有旅馆，王贻芳和另外两个研究员就住在一个租来的集装箱改装的房子里。实验很小，所有事都得自己做，甚至要徒手在地下实验室将装满探测器液体的 200 千克重的大桶搬来搬去。王贻芳开玩笑说他们几个人就像古埃及的奴隶。他甚至自己设计了电路板，还亲手焊出上百块，装到探测器上。但他也因此掌握了中微子实验所有相关的设计和技术细节。

2001 年，王贻芳 38 岁，他终于下定决心回国，进入中国科学院高能物理研究所工作。在他看来，国外的环境过于安逸，对人是有害的，而且“在美国，像我这样的研究人员，多一个不多，少一个不少”。但在自己的国家，不是这样。

图 4-5　1996 年，王贻芳在美国斯坦福大学开展 Palo Verde 中微子实验（王贻芳 供图）

更大的雄心

2012 年对基础物理研究来说是不同凡响的一年：王贻芳主导的大亚湾实验发现了第三种中微子振荡模式，而欧洲核子研究组织宣布探测到希格斯粒子。

从牛顿经典力学、爱因斯坦的相对论、量子物理到今天的粒子物理标准模型理论，从我们肉眼可见的世界到原子，再到原子核，进而到更深层次的 12 种基本粒子，物理学对物质构成的研究不断深入更微观的世界。2012 年，希格斯粒子被发现，粒子物理标准模型的最后一块拼图被补上了（如图 4-6）。接下来呢？物理学的未来在哪里？

王贻芳的回答是“用标准模型来描述这个世界已经走到尽头”，他解释说：我们现在对物质世界的理解体现在现有的标准模型上，虽然看到了它所预言的所有粒子，但是整个模型还有很多缺陷，而这些缺陷在现有的标准模型里通过简单的修改是无法弥补的。

当下公认可以突破标准模型的实验，一种是中微子，王贻芳在大亚湾核电站做出了突破性贡献，升级版的江门中微子实验也已在他的主导下上马动工（如图 4-7）；另一种是建造希格斯粒子工厂。中微子和希格斯粒子，“这两个窗口一开，最激动人心的事情将会发生”，娄辛丑说。

王贻芳相信，突破标准模型后，有更深一层的理论存在，将通向“新物理”。它到底是什么，还是谜团，只能通过更高能量的加速器去研究解决方案，因为更高能量的粒子撞击意味着能观察到更丰富的现象。

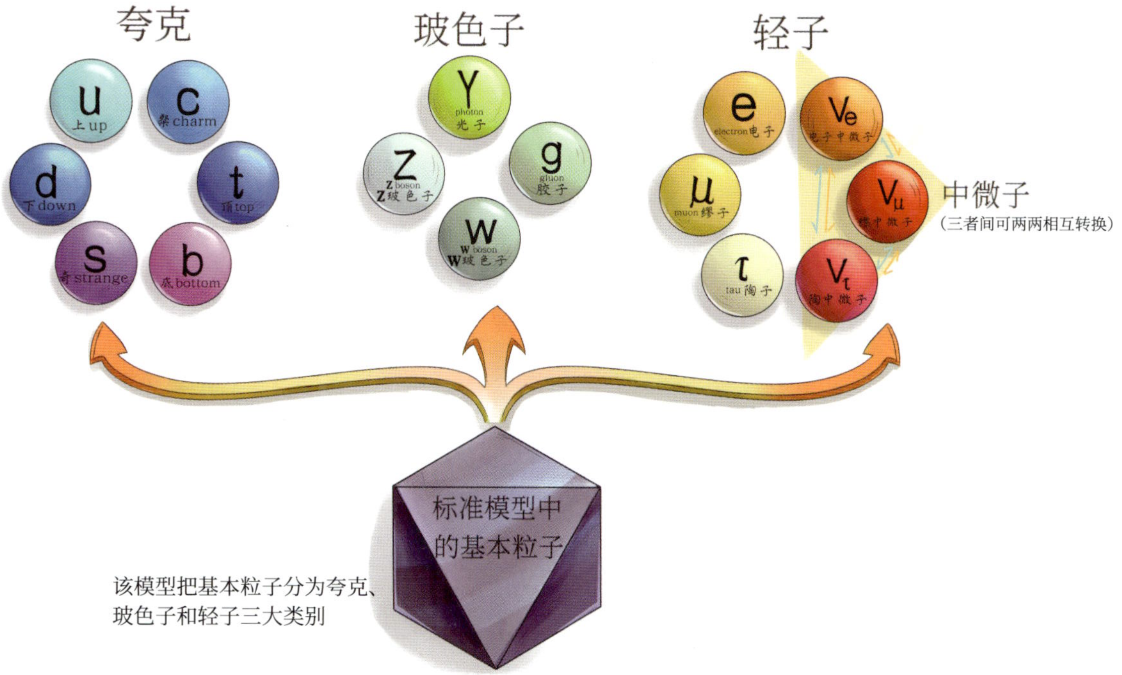

图 4-6　标准模型中的基本粒子

图 4-7　2018 年，王贻芳在江门中微子实验地下实验大厅（王贻芳 供图）

也是在 2012 年，大亚湾中微子实验发布成果半年后，在美国费米实验室举行的国际会议上，中国科学家第一次公布了 CEPC-SppC 的方案构想，即在中国建造环形正负电子对撞机，再升级为超级质子-质子对撞机。CEPC 的目标就是捕捉一批希格斯粒子；后期工程 SppC 将超过欧洲核子研究组织的大型质子对撞机 LHC，是后者能量的 7 倍以上，成为世界上能量最大的超级质子-质子对撞机。如果项目能在国内落地，王贻芳相信未来世界的科学中心将是中国。

“他在考虑下一代人的实验怎样推动，这个手笔很大，而且抓住的都是最关键、核心的问题。”娄辛丑说。

自提出项目起，CEPC的设计方案几经调整。2015年，王贻芳和预研团队完成了初步概念设计报告。从仅仅是一两句话描述的宏大构想到近1 000页的设计方案，耗时三年。

2018年11月14日下午，来自世界各地的300多位高能物理学家会聚在高能物理研究所，王贻芳身着利落的灰色西装，郑重地接受项目经理娄辛丑交给他的两大本CEPC《概念设计报告》，向全世界宣布加速器、探测器和土建工程的基本设计已大体完成。

CEPC的经费预算是360亿元，相当于北京地铁30公里的造价。王贻芳算过账：10年的建设周期，一年36亿元，中国当下对基础研究的经费投入占研发投入的5%左右，远低于国际上15%的比例，基础科研经费每年有1 000亿元左右的增长空间，按中国目前GDP的规模和未来的发展趋势，CEPC不用占其他学科的研究经费就可以做成。

王贻芳原本期待CEPC从2022年开始建设，由于推进困难重重，又将预期调整到2025年。

2020年6月19日，欧洲核子研究组织出台《欧洲粒子物理2020战略》。在未来的10年甚至20年中，欧洲核子研究组织都是国际高能物理领域一股最重要的力量，王贻芳一直在设想欧洲人会制订怎样的规划，然而《欧洲粒子物理2020战略》与王贻芳8年前提出的CEPC-SppC的思路如出一辙。欧洲的战略是2028年开始建设同类的加速器，王贻芳知道，留给中国的窗口期大概只有8~10年了，因为世界上不会建设两个同类型的大型加速器。

如此大型的实验项目，不啻一项国家任务，如果中国能走在他国的前面，在很大程度上可以引领国内基础科学研究的方向。同时，基于加速器这种大型装置的粒子物理研究牵涉非常广的技术门类——精密机械、微波电子、低温超导等，无疑也将推进中国相关技术门类的突破，这也是大亚湾实验的液闪技术和江门实验的光电倍增管研发曾经实现的。

王贻芳常说：你伸手够得着的事就别做了，你要把目标定在跳起来够但还摸不着的高度，然后去攻关。

出任中科院高能物理研究所所长后，王贻芳常常提及困扰他的问题——数学、物理教科书上极少有中国科学家的名字，中国的基础科学研究的国际地位比较低。他常常面对这样的问题：你这个基础研究有什么用？如果他回答"没有"，下一个问题是：能得诺贝尔奖吗？如果回答还是否定的，下一个问题就是：既没有实际用途又不能得诺贝尔奖，这个基础研究有什么用？

他知道这种急功近利的思想实际上普遍存在，甚至是一些科学家的心理，虽然有时候他们不一定说出来。最纯粹的科学家怀有最纯粹的追求，就像当年发现电子的英国人约瑟夫·约翰·汤姆逊在敬酒时说：为什么用也没有的电子干杯。

王贻芳说："我们中国就缺纯粹的基础科学研究。咱们可以永远输入国外的知识，输入国外的科学，永远不用自己做，那就是落后这个结果。中国有什么基础科学成果？没有。我们设想一下，30年以后，中国的经济如果成为世界第一，我们的科学，特别是基础科学知识还依赖于从国外输入、依赖国外的发现，这太难以想象了。”

8 年里，因项目耗资巨大，王贻芳和 CEPC 也面对许多质疑的声音。王贻芳却因此越发执着，多年来，他把科研经费都投进了项目预研，甚至投入了个人获得的未来科学大奖的奖金。30 年后 SppC 升级要用到的关键技术，如高温超导，他也倾尽全力做研发攻关。

在新冠肺炎病毒蔓延全球、给人类历史添上一道新创痕的 2020 年，57 岁的王贻芳已不在意个人得失。他说：“这个项目跟我个人其实没什么关系了，这个项目在未来二三十年如果做起来，也是别人做，未来用也是别人用，不是我。”

20 年前，他回国主导的第一个项目是北京谱仪的升级改建。他常常念及上一辈物理学家在 20 世纪八九十年代推动了第一代北京正负电子对撞机的建设，他们大多皓首穷年也没有看到这台仪器如今产出的丰硕成果，而他们的付出让中国的高能物理在世界上占有一席之地。王贻芳认为：“我们如果永远满足于一席之地，也太没出息了。我们得往前走，不能老是‘占有一席之地’。‘一席之地’才有多大？”

王贻芳说，他之所以极力推动，首先因为这是一个中国领先全球的机会，以前没有过，未来也未必会有；其次是出于作为科学家的责任，他一直在考虑下一代高能物理实验最有意义的方向和问题，即突破标准模型，发现更深层次的物理规律。“既然看清楚了，那就应该告诉大家，应该努力，这是我们的责任……不管怎样，我们会问心无愧，做自己该做的事情。”

对于基础科学研究，公众常常因不理解目标和用途而质疑。在王贻芳看来，当一个国家的经济发展起来后，就会发展艺术、音乐、文学、科学，“人们这时就会仰望天空，探索世界是怎么回事、宇宙的根本构成是什么、我们为什么来、将来到什么地方去，这些探索让我们永远有动力追求未知”。

年轻时，王贻芳就有“拼命三郎”的绰号。多年来，他承受着常人难以忍受的工作强度，为了同时推进几个大型项目殚精竭虑，又有了“科学狂人”的标签。

看着王贻芳睡眠时间过少又不锻炼身体，娄辛丑曾把他骗到健身房，结果王贻芳背着手就出去了。娄辛丑不知道他超常的意志和过于旺盛的精力是多年自我训练的结果，还是天生的禀赋。

“他不会觉得辛苦，很好的科学家都有这个共同的特质，他觉得这样工作很有意思。他不干这个干吗呢？出去旅游看风景？那还不如自己创造风景。”曹俊能懂得王贻芳的乐趣所在，那是科学家们共同体验的科学研究的魅力：重要的事往往让人觉得困难、时间投入太多，但科学家不会这么想，只有这样才会成为科学家。高能物理实验每天要解决的是螺丝的问题、不锈钢的问题……但都和宇宙中最重要的问题相关。每次解决一个小问题，更往前一步，最终都是朝着终极目标去的。

在年少时，王贻芳自诩为“最普通的人”，并没有成为科学家的强烈冲动，但后来的经历塑造了他，使他执着而坚韧。“这可能是一种本能，也可能是一种病态的对完美的追求，做这件事时，就天天在琢磨我怎么把这个事做到最好。”他想告诉青年一代：找到感兴趣的事情，去追求，即使环境不好，也可以自得其乐。只有自己有兴趣了，才能克服困难，才会不顾一切，才会往前走。

（文 / 刘洋）

ν_μ
ν_e
ν_τ

科学精神内核

勤勉、坚持是王贻芳个性的底色。

在王贻芳考入南京大学物理系时，高能物理研究在中国还被看作一个“没有前途”的方向，从事高能物理研究，毕业后“甚至连工作都找不着”。王贻芳却选择了坚持，并在 1984 年成为著名物理学家丁肇中的研究生。

在丁肇中实验组的第 11 年，王贻芳前往美国，加入 Palo Verde 反应堆中微子实验，长时间住在沙漠中集装箱搭建的小房子里，像“古埃及奴隶”一样，亲自搬运器材。但也是在这段经历中，他掌握了中微子实验所有相关的设计和技术细节。

38 岁那年，王贻芳回到中国，他渴望用中国的项目、中国的技术为全世界的基础物理学做出贡献。他用行动践行着初心，愿望一步步成为现实。

2012 年希格斯粒子被发现后，为了探寻物质世界最深层次的秘密，王贻芳提出了在中国建设环形正负电子对撞机（CEPC）的设想。尽管阻力重重，面对质疑，他仍选择坚持，认为这是一个科学家的责任，是中国高能物理学的一次重大历史机遇，将使我国的基础物理学研究在未来 30 年中成为世界第一，不能轻言放弃。“不管怎样，我们会问心无愧，做自己该做的事情。”

HE

5

常进

暗 物 质 “ 猎 手 ”

常进，中国科学院院士，中国科学院国家天文台台长，1966年生于江苏泰兴，曾获首届中国空间科学学会科学奖。他长期致力于空间天文研究，提出高能电子和伽马射线探测新方法，为暗物质研究做出重要贡献。2015年，他主导的中国第一颗科学探索卫星“悟空号”发射升空，国际权威科学杂志《自然》刊文称，这预示着属于中国的空间科学时代已经到来。

坚守

PERSEVERANCE

勇气

COURAGE

责任

RESPONSIBILITY

“悟空”上天

2015 年 12 月 17 日，甘肃酒泉，一个朝霞漫天的早晨，气温只有零下 15 摄氏度。

8 时 12 分，一声巨响，在一望无际的戈壁之间，“长征二号丁”运载火箭在烈焰之中腾空而起，须臾之间，火箭在深邃的天空中就只剩下一个时隐时现的光点，而巨大的轰鸣依然如海浪涌动，那是 34 吨化学推进剂在 100 多秒内猛烈燃烧的余波。

火箭携带了一颗特殊的卫星——中国第一颗科学探索卫星。在此之前，中国发射的卫星都具有经济或军事用途，而这颗重达 1.8 吨的卫星只为探索未知、探索宇宙的秘密。该卫星名为“悟空号”，寓意如孙悟空般飞上九霄，而英文名“DAMPE”则来自游戏《塞尔达传说》，命名者是科研团队中的年轻人，该名称意为“引领主角找到宝藏”。对于“悟空号”传回的数据，中国将无偿向国际社会公布，促进全球物理学家合作，共同推进人类对宇宙的认识。

有幸在现场目睹火箭腾空的除了工作人员、普通市民，还有著名科幻作家、《三体》的作者刘慈欣。当时当刻，他想起了一句话："他从未成熟，但一刻没有停止成长。"用它来形容人类对宇宙的探索，可谓既恰当又浪漫。

在远离酒泉的西安卫星测控中心，紧张的工作人员透过大屏幕，实时下达着发射后的每个指令。

"发射 17 秒程序转弯。"

"发射 790 秒后星箭分离。"

"卫星入轨姿态正常。"

"太阳能板打开。"

"各单机加电、载荷加电。"

当卫星成功入轨，监控大厅掌声经久不息之时，"悟空号"的"父亲"、时任中国科学院紫金山天文台首席科学家的常进却依然面色凝重。

入轨只是第一步，更重要的是每个复杂的卫星部件都正常启动，"悟空号"有 7 万多个电路，在火箭突破大气层的猛烈震动中，任何一处出现问题，哪怕只是松动了一丝一毫，也会带来无法挽回的损失。

因此，即使发射成功，紧张的气氛依然持续。"悟空号"将 24 小时绕地球 15 圈、行进 60 万公里（见图 5-1），从卫星太阳能板展开到各载荷开机通电、

图 5-1 “悟空号”卫星想象图（中科院紫金山天文台 供图）

转向标定，从试运行到正式运行，将经历漫长的 50 多天，每一天都是新的挑战，但一天之中只有 4 次机会，每次不过短短几分钟，科研人员能通过地面接收站接收卫星的信息，知道卫星在哪儿、处于什么状况。常进睡觉前总要交代同事，如果出现任何异常，一定要打电话叫醒他。

“悟空号”发射升空这一年，常进还不到 50 岁，他中等身材，戴一副眼镜，面容给人一种书卷气，又兼具沉稳之感。

对常进来说，这个激动人心的时刻只意味着工作刚刚开始。

截至 2016 年 2 月 6 日，“悟空号”传回了首批 500 万个宇宙高能质子信号，此后每一天，它都将用这么一双“火眼金睛”帮助人类看清宇宙深处的秘密（见图 5–2）。国际权威科学杂志《自然》刊文称，这预示着一个新时代的到来——属于中国的空间科学时代。

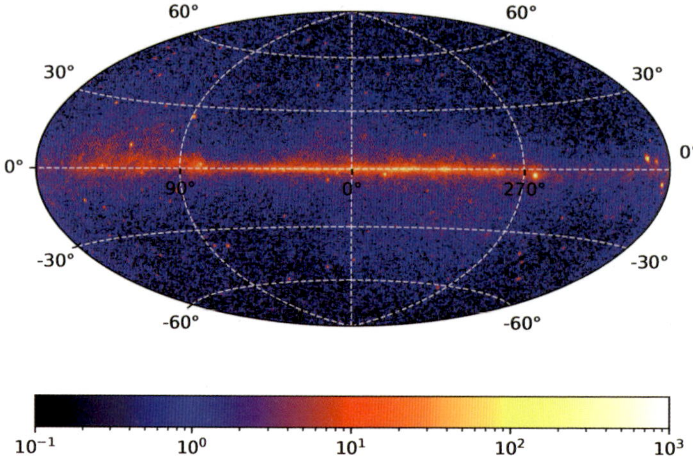

图 5–2 “悟空号”卫星绘制的中国第一张 GeV 伽马射线天图（中科院紫金山天文台 供图）

现在可以说一说“悟空号”的使命：它矢志探寻的是宇宙中最神秘的物质——暗物质。暗物质被喻为笼罩在当代物理学上的两大乌云之一，它不属于人类已知的多种基本粒子中的任何一种，却大约占整个宇宙质量的 85%，人类看不见也摸不着它。

“假如你手上捧着一团暗物质，暗物质就会从你手里漏走。”这么说的时候，作为一个严肃的科学家，常进反而显得有几分幻想、几分神往。他说，每时每刻，暗物质可能都在穿过每个人的身体，然后穿过地球，坠入虚空。无论是找到它存在的证据，还是发现它性质的端倪，都是全人类科学家的雄心，那是比任何科幻作品都更加神秘的想象之源。

在探寻暗物质的道路上，常进已经走了近20年，从一个青年人直至两鬓星星白发。如今有了探测卫星，又有了新的希望、新的开始。难怪当“悟空号”用他设计的独一无二的方法日复一日地探测到海量的属于宇宙的秘密时，一直紧绷着的常进才会那么开心，甚至展现出豪迈之态：和天文台的年轻小伙子们对战乒乓球，不分出个胜负来不罢休。

平行世界

1966年，常进出生在江苏省泰兴市河失镇一个叫常家庄的小村子。从名字也能看出来，这是一个靠近河道、以“常”姓族人聚居而成的村落。常进是家中长子，家里有兄弟四人，他们的父亲是一位普通的农民，也是村党支部书记。

泰兴位于江苏省中部，当地人以种植稻米为生，冬天农闲时则疏浚河道，那既是灌溉之源，也是水乡的通途。江苏省自古文化繁盛，不比苏南商贸文化的发达，苏中以农业为主，但泰兴的土地多为沙土，种植颇为不易。

民国时期，中央研究院总干事、地质学家丁文江就是泰兴人，丁家用族产在当地办学，贫穷子弟也可就读。当年的泰兴在江苏虽然经济不显，却有着崇尚教育的风气。

常进的父亲一辈（三个叔叔、一个姑姑）都是农民大学生，只有他的父亲作为家中长子留在村里照顾父母。常进从小就对读书、上学有天然的亲近，那既是家乡的风气，也是家庭的熏陶。放弃读大学成了常父一辈子的遗憾，常进努力读书也是在圆父亲的梦。

当然，更重要的是，对农家子弟常进来说，读书是改变命运的唯一方式。

20 世纪六七十年代，农村生活清贫，春种夏收力田一年，农民们也只是在温饱线上挣扎。常家也不例外，在“均贫”的时代，连吃饱都是一种奢侈。常进从小就养成了吃饭快的习惯，因为兄弟四人谁要是吃得慢就会吃不饱。但慢慢懂事之后，作为老大，常进要把吃的省下来留给弟弟们。这让他这个做哥哥的与三个弟弟相比，在青春期反而显得瘦弱。

作为农民的儿子，常进什么农活都干过，从小就打猪草、插秧、割稻子，一到暑假还要去生产队充当半个劳力，大人们工作一天算 10 个工分，小孩力小体弱，算 3 个工分，整个暑假都在农田里摸爬滚打，最辛苦的还要属冬天里逃不掉的河道疏浚。常进说：“那个时候农村最苦的叫挑河，每年到了冬天，河道要疏通，父母凌晨 4 点就要上河里挑，一担一百多斤的泥，从河底下挑到上面来。全村人都要去，凌晨四五点吃一碗米饭，然后挑到中午，中午吃一碗饭，再挑到晚上。有的人都累得吐血了。小时候，大人会说，如果你不好好读书，长大了只能去挑河。”

“大人说的我能亲身体会。”贫家少年很早就领悟到这不是在吓唬他，“唯有读书才能改变命运。”

常进的小学和初中都就读于乡下的学校，所谓学校，不过是几间平房，几十个惯于在河边摸河蚌而不是面对课本的同窗，老师当然是乡村教师，语文、数学还能应付，英语就无能为力了。常进的小学英语老师自己还是初中生，上午在县城上课，下午就来乡下的学校现学现卖。即使是这样恶劣的条件，常进仍然凭借天赋和勤奋考上了泰兴市最好的高中。同校几百人参加中考，包括他在内，只有两个人幸运地进城读书，踏出改变命运的第一步。

这一年，当常进的父母还在为一学期几元学费发愁，常进还在为来到心目中的“大城市”泰兴而喜悦的时候，在地球的另一端，西方科学家们终于相信，组成我们这个宇宙、这个世界的不光有恢宏的恒星、行星、陨石，以及微小的原子、中子、电子，还有更神秘的看不见的物质，无以名状，却无处不在。

1980 年，美国女天文学家薇拉 · 鲁宾（Vera Rubin）发表了一篇有关暗物质的重量级论文。她在观察银河系时发现了一个奇怪的现象，银河系中一共有 2 000 亿颗恒星，它们都围绕着星系的中心旋转，根据牛顿的万有引力定律，星系的旋转速度是由质量和距离共同决定的，通过天文观测可知，恒星大部分位于银河系的中间，所以越到星系的边缘，恒星旋转的速度按照理论推算会越来越低。然而，鲁宾观测到的事实却不是这样，在星系的中央和边缘，恒星旋转的速度相差无几，那就意味着其实在星系里有许多看不到的物质，它们给外围的恒星提供了足够大的引力，把它们拉在一起，否则星系早就分崩离析了。

其中的道理可以简单地用陀螺来类比，如果用沙子捏一个陀螺，让这个陀螺旋转起来，那么转速一快，沙陀螺肯定就会散架，因为沙子与沙子之间的结合力不足以维持向心力。要让沙陀螺不散架，就得把胶水掺在沙子里面。如果把银河系想象成一个沙陀螺，那么万有引力就是胶水，胶水的黏度决定了陀螺的最高转速。高中物理就讲过，引力的大小是由质量决定的。

鲁宾观测到了银河系的转速，反算出总引力的大小，进而算出银河系的总质量。她确定无疑地发现银河系的大部分质量“丢失”了，而且推算后的结果是惊人的：整个宇宙中，我们所能看到的物质只占宇宙的 5%，95% 都是看不到的。

在那个时刻，这一 20 世纪物理学界划时代的发现和 14 岁的常进还没有任何关系，暗物质对他来说还太遥远，他只是一个喜欢数学和物理的高中生，在黑板上有专属的位置写下解题思路供同学参考。

那是两个完全不同的平行世界，在其中一个世界，科学家们惊呼于造物主的秘密朦胧地显现出来；在另一个世界，来自农村的少年常进正苦恼于自己蹩脚的英文跟不上城里中学的进度。当时他不会想到，近 20 年后，他用英文写作的寻找暗物质的论文会在两个世界同时引发轰动。

天才同学

1984 年，常进参加了高考。他的强项是数学和物理，语文的麻烦是写作文爱跑题，英语水平倒是赶了上来，都是拜勤奋所赐——班主任有时会在宿舍熄灯后的公共厕所看到常进借着厕所的照明温习功课。

高考前填报志愿时，常进原本想报考清华大学的工科专业，但班主任觉得他是学科学的好苗子，鼓励他报中国科技大学，当时后者的分数线比清华大学要高十多分。父母都是农民，在这方面给不了常进什么建议，他听从了老师的建议，但也不免忐忑，如果考不上中国科技大学，就落到第二志愿——武汉钢铁学院，以后可能就要一辈子和炼钢打交道了。

高考时数学一科，常进本来是奔着满分去的，但最后一道大题死活做不出来，绞尽脑汁半小时仍毫无结果，这让他心情非常差。后来才知道，那道题全国就没有考生做出来，是出题老师出偏了。语文也没考好，满分 120 分，他只考了 70 分。好在物理只错了第一道选择题，而当年全国物理平均分只有 30 多分。数学因为最后一道题的问题，实际上的满分是 112 分，他也就刚好拿了这个分数。凭借强悍的理科成绩，常进有惊无险，1984 年 9 月，他成为中国科技大学物理系的一名新生。

当时“四个现代化”“科学技术是第一生产力”的口号传遍了大江南北,“文革”阵痛之后，中国人又一次将富国强民的雄心壮志寄托在科学之上。这是属于 20 世纪七八十年代的时代氛围。

作为顶尖的理科院校之一，中国科技大学不仅强手如云，而且在 1978 年开办了培养科学天才的少年班，轰动一时。从小地方来到大城市的常进，陡然发现自己竟被天才包围了，其中有各个省的状元，还有全国高考第一名。他至今都记得后者的“可怕”之处:“他整个生活就跟时钟一样，每天早上 5 点起床，深夜 12 点睡觉。考试的卷子、做的作业就跟标准答案一样，等号都是用尺子画的。”

“跟他们一比，你就没有志向了。”常进回忆起当年，很坦白地说，“刚开始有压力，后来也没什么了，你把自己的事情做好，不要跟别人比，只能跟自己比。跟昨天比，我今天是不是进步了。这样你才能保持平静的内心。”

出于谦逊，常进觉得自己并不是天才般的人物，算不上聪明绝顶，他刚进大学时感受到了落差（可能许多大学新生都有此经历），但很快就调整好了心态。他既没有怀疑自己也没有因落差而焦虑，反而在大学前两年常常去图书馆看闲书，金庸和古龙的中式武侠小说、《基督山伯爵》的西式复仇小说都被他看了个遍。他偶尔还要打打扑克、下下围棋，他首先要体验的是崭新的大学生活。

更重要的是不气馁，找到自己的方向。常进说，虽然自己没有那么“天才”，但他对物理是真的感兴趣。

当年，中国科技大学物理系的研究方向主要分为两个：一个是核物理，很容易让人联想到核武器，其实是研究原子核的结构和变化规律；另一个是高能物理，研究比原子核更深层次的微观物质世界。高能物理是一门以“发现和实验”为基础的前沿学科，大概恰恰是性格中的沉稳和专注起了作用，常进喜欢做实验。

常进攻读硕士学位时的导师是许咨宗教授，他对常进的第一印象就是有做实验的天赋：有想法，还有动手能力。当时物理系的实验设备非常简陋，许多是早已被西方同行淘汰的旧设备，硕士研究生阶段的实验又不比本科时按部就班的教学实验，有时需要实验者自己想办法在旧设备上摸索出新功能。虽然平时显得有些大大咧咧，但在学术上，常进可以做到兼具创造性和一丝不苟，这正是做实验最珍贵的品质。

当时，许教授和常进一起尝试测量一种新的反射晶体的衰减时间，这在全球都是首次测量，而这种新的反射晶体衰减时间不到 1 纳秒，也就是不到 10^{-9} 秒，真是倏忽即逝。要用简陋的设备捕捉它，考验的既是科研上的创造性也是一种极致的耐心，因为反反复复的失败是科研的应有之义。

对失败淡然处之，也可以算一种天赋。“一个实验做不成功，你首先问哪个地方出问题了，为什么老不成功，哪些条件要改变。如果条件变好了，结果没变好，那就要去查理论上是不是出了错。你看到实验数据差了一点点，就要去弄清楚原因，有可能是物理上的，有可能是技术上的。如果是技术上的，我可以去改进技术；是物理上的，那找出来后，你的物理水平不就提高了一步吗？”常进说。

这种刨根究底的方式让他更有一种掌控感，他说：“我真正感兴趣的是每一台设备都要达到我的要求，把每一件小事都做到完美、极致，结果都是水到渠成。”

1992 年，大概也是水到渠成，常进硕士研究生毕业后被分配到地处南京的中国科学院紫金山天文台，那里正好需要一个从事高能物理专业的研究人员。虽然常进在这之前从未接触过望远镜，但他觉得到哪儿都是做研究，也就随遇而安。没想到的是，在紫金山天文台，常进一待就是近 30 年。

“一个月工资就值百十斤青菜”

加入紫金山天文台时，常进 26 岁，当时中国空间天文领域的研究几近荒漠。紫金山天文台曾经试图研制一颗天文卫星，但因科研经费不足只能忍痛下马。常进到天文台后，很快发现自己也面临同样的难题：没有经费，也就没有先进的仪器，无法做前沿实验，理论上自然也就毫无突破，陷入恶性循环。

“就好像到汽车厂工作，却发现工厂一辆汽车都没造出来。”这就是常进到天文台后的第一感受。

雪上加霜的是，进入20世纪90年代，时代氛围也改变了——“造原子弹的不如卖茶叶蛋的”，经商致富的风潮席卷而来，大学同学有的转而从事金融行业。常进刚进天文台，就有近三分之一的同事辞职经商或创业，常进的母亲不禁为他微薄的工资愁眉不展，说他“一个月工资就值百十斤青菜”。

“那个时候比较难，对我来讲比较难，对天文台来讲也比较难。”虽然如此，常进从没动摇过，他明白无论要做什么，第一步都是坚持，他说：“你要选定一件事，如果半途而废，你就不可能成功，你必须专注地走下去，克服一个接一个的困难。”

说起来浅显，就是“不搏二兔”——不要试图去追两只兔子。虽然人生的诱惑很多，选择也很多，“但一段时间内只能做一件事”。你必须做出选择。

常进的选择是，既然没有条件做比较前沿的研究，他就整天泡在图书馆，把能找到的西方高能物理论文看个遍。

那段枯坐图书馆的经历对常进的重要性怎么说都不过分。当时他惊讶地发现，由于长期脱离与西方前沿研究的交流，国内的许多研究思路、研究方向可以说都是错误的，虽然费了很大劲儿，但闭门造车注定不会有任何结果。在正视了与西方学界的差距之后，常进有了“弯道超车”的想法：“我们看到了差距，当时我就确定，不能跟在外国人后面走，我们必须找到一个新的方向，那是外国人没有看到的方向，或者是他们认为不可行的方向。跟在他们后面就很难超过他们，所以我们必须转换跑道，必须有独门秘诀、独门武器。我们要开辟新的方向，外国人还没开始，我们先做，不就容易赶上人家了吗？”

暗物质就是一个绝佳的研究方向，不管国内国外，科学家们都只是在理论上论证了它的存在，并未真正找到它存在的直接证据。

1997 年，机会来了。常进偶然听闻美国要在南极开展 ATIC 气球探空项目，用来观测宇宙射线。宇宙射线指的是宇宙中的高能带电粒子，其携带的能量可以轻易超过地球上最强大的加速器所产生能量的千万倍。这正好是常进的研究方向，而且他敏锐地发现，除了研究宇宙射线，这个项目还能用来寻找暗物质——基于高能物理的设想，当暗物质相互碰撞时，也能产生高能宇宙射线。

20 世纪后期，科学家们尝试了各种方法寻找暗物质（见表 5-1），包括在极深的地下实验室捕捉暗物质与静止的原子核碰撞并将后者撞离的过程，以及在对撞机上让高能粒子束对撞，试图直接产生暗物质粒子，但这两种方法直到今天都没有取得突破。

表 5-1　寻找暗物质的三种方法

1	在极深的地下实验室捕捉暗物质与静止的原子核碰撞并将后者撞离的过程。
2	在对撞机上让高能粒子束对撞，试图直接产生暗物质粒子。
3	间接观测法，在宇宙射线和伽马射线等数据中寻找暗物质粒子湮灭或者衰变的产物。

第三种方法被称作间接观测法，这也是常进试图突破的方向，理论基础是暗物质粒子的湮灭。世界上的物质都有反物质，比如电子的反物质是带正电的电子。当物质与它们的反物质相遇时，两者就会结合，并产生巨大的能量，这个过程叫作湮灭。暗物质的反物质就是它本身。如果两个暗物质粒子相遇，它们就会因碰撞而消失，产生高能光子、中微子和其他带电高能粒子，如正电子、反质子。这些粒子作为宇宙射线的一部分，在宇宙中高速穿梭。如果能观测到奇特的宇宙射线形貌，那么其可能就是暗物质存在的直接证据。

这需要把符合条件的稀有粒子从规模庞大的宇宙射线里面挑出来，如果采用传统的方法，需要重达四五吨的昂贵探测器才有可能实现。不过，常进发明出一种方法，这就是他的“独门武器”，用便宜、较轻薄的仪器就行，比如美国人的气球实验所用的探测器。

初生牛犊不怕虎。常进相信自己的想法是正确的，“在物理里，1+1=2，对的就是对的，不会跑的”。当年常进 31 岁，只是一个名不见经传的中国科研人员，但他直接发电子邮件给美国 ATIC 项目首席科学家，提出用自己的方法合作研究。

“美国人觉得这太疯狂了。”为了说服他们，常进直接飞到美国。一到实验室，美方就要求他在计算机上将他的想法演示一遍。他要从零开始，将所有想法都编成程序，把各种参数计算出来，再进行核对，整个过程持续了 36 个小时，他几乎没合眼。如今想起来，常进也会感叹：“有时候还是要拼命的。”

程序演算的结果一目了然，美方决定邀请常进加入 ATIC 项目组，南极气球实验数据也将交由他分析。这是属于常进的胜利，中国一个普通的科研人员，没有为探测器出一分钱，只是凭借自己的想法，加入了一个美国学界主导的项目。

2000 年年底，展开后可达 30 万立方米、比一个足球场还大的超级气球在南极升空，并在离地面 37 千米的高空完成了人类对高能电子的首次成功观测。实验持续了六年，气球升空四次，第一次成功，第二次失败，第三次又失败，第四次才再次成功（见图 5–3）。

图 5–3　2007 年，南极气球项目现场（中科院紫金山天文台 供图）

探测带回的海量数据成为常进的宝藏。与他的预想一致，这些数据里隐藏着宇宙最深的秘密——高能电子流量在300~800GeV（十亿电子伏特）能量区间显著超出了模型预计，一个可能的解释就是这一突起来自暗物质的湮灭。

关于这一结论，可以用一个并不完全吻合的例子来做类比。我们都知道，在人类的身高分布中，特别矮、特别高的都只占很小一部分，大部分人的身高居于中间值，如果在人口身高普查中发现身高2米的人比1.7米的人还要多，那就是出现了不符合常理的现象，至于原因，“你就有充足的空间去想象了”。

2008年，常进作为第一作者在《自然》杂志上发表了《宇宙电子在3 000亿~8 000亿电子伏特能量区间发现“超”》，引发了间接观测寻找暗物质的热潮，这一半路加入的研究一举成为ATIC气球探空项目最重要的科学发现。

对得起国家，对得起自己

“以前没人在这个领域去发现，我们是第一个，但也有遗憾。”常进说，“设备是人家的，我们是搭便车，只是用了自己的理论方法。”

关键还是经费。巨型气球升空一次，需要100万美元，而当年紫金山天文台承接的最大的国家科研项目的经费才1 000万元，还是分五六年下发。现实的差距让常进只能通过搭便车的方式寻求与他国的合作。

胡一鸣是常进指导的博士生，也是紫金山天文台的员工，他曾经代表老师前往南极观摩气球的第四次升空。白色的气球遮蔽了夏季荒凉的冰原，宛如降临的宇宙飞船。现场的美方工作人员超过 300 人，这还不包括负责后勤的美国雷神公司和军方的工作人员，科研物资都是通过军用飞机空运来的——这样大型的科研项目依靠的是一个国家的整体实力。

“这也是我经常讲的一件事情，就是你要干大事，不光是你厉害，还要国家允许，要跟国家的实力相匹配。国家实力不允许，那就达不到，你就没有这个实力。”常进说。如今已经不是杨振宁、李政道那个时代，当年他们在美国做出了举世瞩目的科研成果，当下，当前沿研究越来越需要庞大的资金和国力支持时，科学家最终可以依靠的还是自己的祖国。常进提到：“科学发展到今天，灵感一来就有重大发现的时代已经一去不复返，现在全是靠大团队、大工程。一台天文望远镜就是数亿美元、几十亿元，美国人怎么可能投入这笔钱让中国人主导呢？你要做成事情，还得在国内。”

幸运的是，常进从事天文物理研究的 30 年是中国国力一日千里的 30 年，早年的窘境在飞速发展的时代进程中慢慢成为过去，对科学家来说当然是生逢其时。

在紫金山天文台，常进和团队先是为“神舟二号”飞船成功研制了伽马射线谱仪，这是中国第一次在太空开展真正的天文观测。随后，他又参与了“嫦娥一号”、“嫦娥二号”和“嫦娥三号”探月工程，积累了丰富的空间观测经验。在过去，这都是想都不敢想的大项目。

这让常进产生了更大胆的想法，气球升空高度还是太低了，大气层严重干扰了对宇宙射线的观测，要更深入地研究，还得去真正的外太空。

曾任中国科学院国家空间科学中心主任的吴季还记得，当年，常进在一台DOS 操作系统的计算机屏幕前激动的表情：“常进跟我说，如果我能制造一台更大的探测器放在宇宙空间，一定能发现了不起的风景。”

2010 年，紫金山天文台组建了暗物质与空间天文实验室。2011 年，“悟空号”成功通过了中科院空间科学战略性先导科技专项立项。

组装一颗前所未有的卫星，考验的既是创新能力，也是复杂的系统组织能力。在常进的设想中，卫星的探测仪将由 4 个部分组成（见图 5–4）：顶部是塑闪阵列探测器，往下依次是硅阵列探测器、BGO 量能器、中子探测器。4 种探测器结合，才能高分辨地观测高能宇宙粒子。它将具有 75 916 路探测通

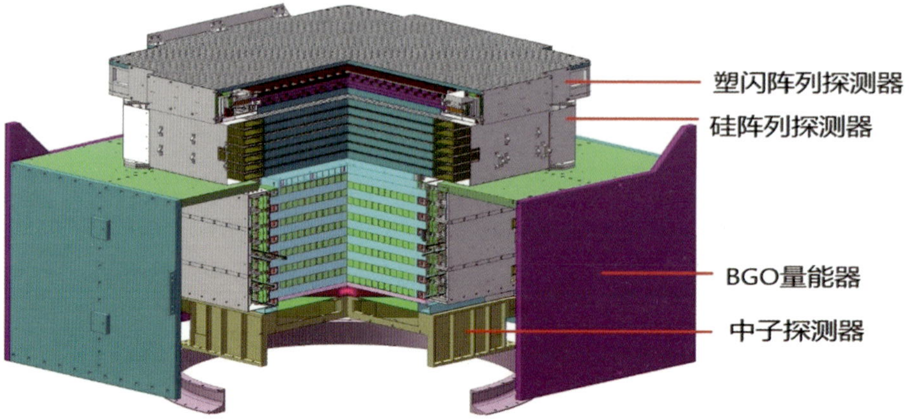

图 5–4 “悟空号”卫星有效载荷结构图（中科院紫金山天文台 供图）

道，可以说是我国在天上飞行的电子学方面最复杂的一颗卫星。

这样一项复杂而艰巨的任务，需要包括紫金山天文台在内的不同科研单位通力合作。作为首席科学家，常进把控每个子项目的设计和方向，他亲力亲为地抓每个工程细节，又有些像“总工程师”。

胡一鸣记得常进反复向他们强调：“我们是和世界上最厉害的一拨人竞争，我们比他们聪明？不可能。只有肯吃苦，比他们多花几倍的时间和精力，也许还有一点儿机会。”

从卫星项目立项到预定的发射时间只有短短 4 年，许多人听说后都觉得是不可能完成的任务，但常进和他的团队不仅要将不可能变成可能，还希望在探测能力上超过所有国外同类型卫星。

常进的方法依然和大学时对待实验一样，他说：“我是做技术出身的，每一项技术，你把它做到极致，最便宜、最可靠，做到完美了才能实现伟大的科学目标。我每天做的事情，不是说我直接去找暗物质，那样你是找不到暗物质的。每天做的都是一些小事，但把每一件小事都做到极致、完美，离找到暗物质就近了一步。”

“悟空号”同样是一个国际合作项目，但不同于过去的“搭便车”，它的主导者换成了中国人。四大探测器之一的硅阵列探测器的研制单位是中国科学院高能物理所领导的一支国际合作团队，团队成员包括瑞士日内瓦大学和意大利佩鲁贾大学的工作人员。合作中还有一段有趣的插曲，临近探测器交付的时候，合作方要放假，但卫星发射可不等人，我国专家们直接奔赴意大利，当外国人度假的时候，他们就在实验室里 24 小时不间断地赶工。

在“悟空号”项目组，常进最常告诫同事的是要有一颗责任心，他说：“每一个人负责的事情，不能犯错，要对得起国家，对得起自己。因为十年来我们就干了这一件事，自己没有责任心，一个电阻弄错了，卫星就要失败，往大了说对不起国家，往小了说对不起自己。”

空间探测永远是高风险的，卫星上了天，就再没有改正的机会。常进知道，美国曾经有一个推进了20年的观测项目，最后却因为探测器性能没有达到要求以失败收尾，科学家心有不甘，但已经于事无补。

2015年年底，“悟空号”发射成功，显示运行正常之后，常进悬了4年的心才算稍稍放了下来。他如释重负地说：“我们没有翻车，我们做到了。”

“悟空号”被证明是世界上迄今为止观测能段范围最宽、能量分辨率最优的空间探测器，其观测能段是国际空间站上的阿尔法磁谱仪的10倍，它在天上1天采集的数据相当于4个月前发射的日本卫星10天采集数据的总和。

探测器的粒子鉴别能力就像在一个2 000万人口的城市中准确找出20个人，而探测器的动态范围达到100万倍，这就好比让一个人的眼睛既能看到一名两米高的篮球运动员，又能看清他身上只有两微米的细胞。

上车倒头睡，下车自然醒

在紫金山天文台，同事们都知道，只要不出差，即使是周末，常进也总是待在办公室。任何时候去找他，他都坐在计算机前鼓捣自己的研究。他的办公室里有好几台计算机，他一会儿在这台上运行程序，一会儿又在另一台上计算参数，总是一副自得其乐的样子。

关于他对工作的痴迷，天文台里流传着许多小故事，其中之一还是台里原来没有食堂的时候，常进总是从家里带午饭过来，中午就拿着饭盒去水房用微波炉加热。有一次热饭的间隙，常进转去办公室和同事聊工作，聊着聊着，就聊出一个新点子，他立马就返回办公室开始验证。直到下午，工作人员打扫水房，发现了那盒又放凉了的饭，满楼找主人，他才想起来。

让同事们佩服不已的还有常进快速入睡的本领，只要出差，他上了车能倒头就睡，还能打呼噜，下车自然醒。大家都感叹：“你这效率高啊，回去又能继续干活了。”久而久之，大家就明白了，这都是长期繁重的工作训练出来的、抓住一切机会休息的本事。

常进以身体力行的方式，三十年如一日地展现了一个科学家该有的“专注”。他曾经这样解释：“科研工作者是最幸福的，用纳税人的钱做研究，满足自己的好奇心。因此科研工作者一定要高度认真负责，要刻苦工作，要对得起纳税人。对科研工作者来说，大部分时间是比较寂寞的，早晨起来就开始思考，中午、晚上一直到睡觉都在思考。要想取得一点儿进步，脑子里总要装着要解决的问题，这就叫专注吧。我小的时候看到媒体报道讲数学家陈景润走路时思考问题撞到树上，当时我不理解，现在到我们这个年纪就明白，这就是搞科研的正常状态。当你思考一个问题很专注时，才能取得突破。”

到 2020 年，“悟空号”已经在轨运行近 5 年，远远超过了其设计寿命，所有部件都还保持最佳状态。5 年间，“悟空号”已经捕捉了超过 80 亿个宇宙高能粒子。2017年，第一批研究成果发表在《自然》杂志上，向全球展示“悟空号”绘制的世界上最精确的高能电子宇宙射线能谱。

一般宇宙射线源产生的背景曲线较为平滑，在能量较低部分，电子数目较多，随着能量的升高，电子数目快速减少。但“悟空号”直接测量到电子宇宙射线能谱会在1.4TeV（万亿电子伏特）处形成一个鼓包——多出来的高能粒子，就是不合常理之处，可能与暗物质的湮灭有关。相比当年的气球实验，“悟空号”测量得更为精确，能量区间还高了一个数量级。

如今，每天走进办公室，常进的第一项工作就是检查卫星传输回的数据，对“悟空号”进行“体检”。面对监视器上给出的卫星的各种数据和图表，他要核对电流、电压、温湿度、姿态，确定一切正常，然后在当天的“悟空运行日志”中画钩。

如果说卫星是整个科研团队的“孩子”，那常进就是“大家长”，担心身在外太空的卫星会“感冒”“发烧”。虽说外人看来常进是院士，还是项目组中年纪最大的科学家，但他依然参与对“悟空号”的监测值班，包括节假日。2015—2020年的6个春节，基本上从大年三十到正月初三都是他值班。

常进盼望着“悟空号”传回更多的数据，在不远的将来能确认暗物质的踪影。他说，现有数据中有引人注目的迹象，但还不确定，未来的工作还将继续。

“‘悟空号’的终极目标是找到暗物质，但最终能不能找到，这就不是我能预计的了。重要的是，我们的研究和观测结果可以打开一扇门，门后面不一定有暗物质，但一定会有别的什么，会有新的发现，可能是另一处花园。”常进相信，他不会空手而归。

就像爱因斯坦曾说的：“宇宙最难理解之处在于它居然是可以被理解的。”

（文 / 张瑞）

科学精神内核

常进出生在一个普普通通的江苏农家，见证了贫穷年代中国农民的艰苦生活，他意识到必须通过读书改变命运。从中国科技大学物理系毕业后，常进进入紫金山天文台工作，开启了作为科学家的职业生涯。

那时，中国的空间天文研究还非常落后，加之 20 世纪 90 年代社会变迁，很多科研人员辞职经商或创业，常进一个月的工资仅值“百十斤青菜”，但他选择了坚持，长久地泡在图书馆中，研读空间天文领域的重要论文，并在 1997 年迎来了一生的机遇：他发现美国的 ATIC（先进薄电离量能器）气球探空项目不仅可以观测宇宙射线，还能寻找暗物质。

当时，这位年轻的中国学者的想法让美国人直呼疯狂，于是常进独自飞往美国，经过两天一夜不眠不休的复杂编程和验算，终于证明自己的想法切实可行。3 年后，他的分析结果成为该项目最重大的成果，引发了基于宇宙线的暗物质间接探测的国际热潮。

科学家的命运和国家的命运紧密相联，尤其是在空间天文学领域，大型科研项目背后必须有综合国力的支撑。中国的面貌今非昔比，常进终于实现了中国天文卫星零的突破——他为“悟空号”的发射升空付出了 10 年的艰辛，但一切都是值得的。

常进说：“要对得起国家，对得起自己。”

6

鲍哲南

好 奇 心 改 变 世 界

鲍哲南，化学家，美国国家工程院院士，斯坦福大学化学工程系系主任、教授。1970 年生于南京。她凭借在人造皮肤、柔性电子方面的研究，成为世界顶级的材料化学家，同时拥有几十项发明专利，连接了科学研究与前沿产业，为人类的未来生活开创了科幻般的前景。2015 年她被选为《自然》杂志年度科技界十大人物，2017 年获得“世界杰出女科学家奖”。

好奇心

CURIOSITY

创造

CREATION

改变世界

WORLD CHANGER

融会贯通

INTEGRATION

充满科幻感的未来

也许20年后，你的生活是这样的：

早晨，身上的柔性电子皮肤让你醒来，并且告诉你脉搏正常。戴上眼镜，你可以了解今天的日程表，得知下午有一个会议。然后你走出房间，准备上班，那时最普遍的交通工具是直升机，抬头一看，告诉直升机下来接你。你的家人来跟你告别，透过家人身上的柔性电子器件，你知道家人的心情很好……

2017年，在一次面向国内的讲座中，鲍哲南畅想着她心中的未来："我们设想的电子世界的未来是通过人造电子皮肤所形成的BodyNet（人体网络），帮助人与人沟通、人与交通工具沟通、人与周围环境沟通。"

这是一位杰出的科学家心中的未来——让科技像魔法一样改变我们的生活、造福我们的生活（见图 6-1）。

图 6-1　可连接数字世界和物理世界的类皮肤电子器件将改变人与电子器件之间、人与人之间的关系（斯坦福大学鲍哲南教授科研团队 供图）

这一年，鲍哲南教授 47 岁。她留着一头顺直的披肩发，由于保持着良好的运动习惯，她看起来比实际年龄年轻。面对公众，她常穿一套深色休闲西装，看起来不仅像科学家，也像商务精英。这也是事实，在科研之余，鲍哲南已经在美国成立了两家初创科技公司。

如果说科学家是在人类智慧的巅峰探寻真知灼见，创造一家公司则是以经济的原理将产品与大众连接，可以说，要胜任这两项工作都要求具备相似的素质：勤奋且理智，务实并兼具想象力。科学家和企业家有着同样的雄心：试图预见并改变人类世界。

“智能手机出现之前，我们用数码相机拍照、用 MP3 播放器听音乐、用 GPS（全球定位系统）找路……但当智能手机面世后，很多传统工业被颠覆了。对我们来说，现在是智能手机，将来是 BodyNet。”鲍哲南有这么说的资格，作为全球杰出的高分子化学家之一，她已经朝着这个未来迈出了重要的一步。

她和她的团队致力于发明出人造电子皮肤，它像真正的皮肤一样轻薄、柔软、可拉伸、自动修复，能够感知压力、温度。未来，人造电子皮肤可能还具有超越性的功能：“想象一下，如果你手上的皮肤可以感知化学分子或者生物分子，也许你可以给自己做身体检查。看到皮肤上有一颗痣，颜色不太对，也许你摸一下就可以知道它是不是癌症细胞。你在触摸桌子的时候，就可知道这张桌子表面是否有细菌。”

这些都是大胆的设想，初听起来颇有些科幻意味，但对鲍哲南来说，它们有着扎实的学科基础和工程实践，也是她努力的方向。鲍哲南并不惮于向不了解高深科学的大众传递她的理念，因为她知道，有时候新的发现、新的科学、新的技术因为过于超前，要么会让人觉得是天方夜谭，要么会让人感到恐惧，而无论哪种消极情绪都将阻碍科技发展。她想告诉人们的是，我们可以掌控科技发展的方向，让世界变得更美好。

这样一种乐观主义的态度在某种程度上也是鲍哲南的人生写照：对科学和真理的追寻既成为她的事业，形塑了她的人生轨迹，也因此让她拥有了改变世界的机会。

一根冰棍

1970 年，鲍哲南出生在江苏南京一个知识分子家庭，父亲是南京大学物理系教授，母亲是南京大学化学系教授，他们有两个女儿，鲍哲南是小女儿（见图 6-2）。同学至今记得开学时她的自我介绍：“我叫鲍哲南，‘哲学’的‘哲’，因为我的父母希望我有智慧；‘南’是‘南京’的‘南’，因为我出生在南京。”

图 6-2　20 世纪 80 年代，鲍哲南（右二）与父母、姐姐在南京玄武湖畔（鲍哲南 供图）

对于何为智慧，出生于科学家家庭的鲍哲南年少时自然多受父母的启发和熏陶：那是一种好奇心和求知欲的结合，一种理性思维的训练，是对客观现象进行思考和解答的能力。

说来抽象，但即使在一个小孩的生活里，“智慧”也随处可见。比如，去玄武湖边玩，爸爸有意问她：“冰棍落到水里是会浮起来还是沉下去？”4 岁的鲍哲南想当然地回答：“肯定会沉下去。”但把冰棍扔到水里，它分明浮在水面上，于是在不知不觉中，她学到了科学知识。又比如，夏天要去公园找知了，爸爸说，你想想看，知了在树的哪一面比较多，是树荫的角落还是阳光普照的地方？邻居家的煤气罐着火了，妈妈将浇了水的被子捂上去，成功扑灭了熊熊火焰，鲍哲南脑洞大开地问：“我们家的仙人掌里面也有水，能用仙人掌灭火吗？”

所谓“智慧”，就是“求解”，慢慢地，鲍哲南明白了，这样一个过程说来普通却又奇特，你养成习惯后，对世界的“求解”就会停不下来，“你会发现一个问题接着一个问题，就像剥洋葱，或者像一层一层打开的俄罗斯套娃”。

父母也会告诉她，目标不只是提出问题、保有好奇心就够了。鲍哲南说：“父亲说只是为了问问题而不去思考这个问题，其实提问的小孩并没有学到东西。”父母希望她从小做到的是，发现问题，寻找答案，错了也不要紧，要紧的是思考本身，否则即使有“十万个为什么”，也并没有学到东西。

“智慧”唯有“勤奋”才可得，这也是父母的言传身教。作为科学家的孩子，她从小就耳濡目染父母是怎么工作的。

20 世纪 70 年代中期，鲍哲南开始记事时正好是“文革”结束，中国科学界百废待兴。在南京大学，她的父母才开始做研究、读论文，甚至从头自学英语。那时她和姐姐住一个房间，父母住另一个房间，每个房间里都有两张书桌。放学回家的晚上，鲍哲南和姐姐做作业，父母也在自己的房间里一人一张书桌做研究。一家人都在学习，一夜又一夜，这就是她对童年的印象。鲍哲南记得："他们总是跟我说，他们那一代要特别努力，因为之前从来没有做过科学研究，甚至不知道什么是科学研究。我爸爸那时快 50 岁了，才开始学怎么做研究、怎么写科研文章，全是他们自己学来的，真的特别不容易。"

那时候即使父母都是教授，家庭生活依然拮据，父母拿一分钱买一颗糖都要切开给姐妹俩一人一半，穿打补丁的衣服更是很自然的事，但在动荡的岁月终于结束后，鲍哲南在父母身上体会到了一种纯粹的求知的快乐：对所做的研究投以热爱、抱有兴趣，即使工作再忙再难，从无到有，依然能够保持好心情，认定自己做的事有意义。

作为大学教师，让父母快乐的还有把知识传递给学生。父母各有自己的学生，年轻人常常被邀请来家里探讨学业、科研的困惑，他们也帮助学生们解答有关人生的疑惑。那时年幼的鲍哲南坐在一边，并不懂大人们在说什么，但那种其乐融融的状态给她留下了深刻的印象，自小就认定科学家的工作就是两方面的结合，即探寻世界的奥秘，同时以一种积极的态度教导自己的学生。多年以后，在斯坦福大学任教授的鲍哲南就是这么做的。

在学习之余，鲍哲南度过了一个快乐的童年。她喜欢荡秋千，还会吊单杠、双杠，都是顽皮的孩子喜欢的游戏。父母并没有因为她是女孩而制止她，反而乐见于她释放天性。

鲍哲南小时候身体不好，常常咳嗽。为了强身健体，从幼儿园开始，每天早晨，一家四口会去南京大学的校园里跑步。长跑的习惯也慢慢培养起来，即使长大后，不管是在中国还是在美国，鲍哲南依然热爱跑步。跑步对她来说不仅是锻炼的方式，也是解压的方法。至于说作为一项有些枯燥的运动，到底是长跑培养了她的毅力，还是她天然有毅力所以才喜欢上长跑，鲍哲南自己也说不清。

化学就像炒菜一样

小学毕业后，鲍哲南考入了金陵中学，那是南京历史最悠久也是最好的中学，创建于 1888 年。在百年的办学历程中，走出了 26 位两院院士，包括教育家陶行知、经济学家吴敬琏和厉以宁、文学家宗白华。

在金陵中学，鲍哲南度过了从初中到高中的 6 年，因为小学时跳了一级，她一直是班上年龄最小的学生。在这样一所名校，刚进中学时，她的成绩只能算中上等，对个性有些好强的鲍哲南来说，自然不服气。她上课时学习，放学了也学习，周末还是学习，反而是父母劝她不要太在乎，“你要放松一些”，他们总是这么说，向她强调她不是非得做到什么程度。不是中国父母普遍“望子成龙”的压力，而是鲍哲南不服输的个性，让她在学业上为自己设立更高的标准。

鲍哲南曾经这样描述当年自己的学习方法：第一步，粗看框架，弄明白这门课到底讲的是什么；第二步，缩写整本书，把书里的关键词和中心句默写在一个本上；第三步，自己动手出题，想想自己如果是出题人会出什么题。“通常 24 个小时就能吃透一本书，然后在考场上大有斩获。”

也是在那时，化学成为她最喜欢的学科。最怕的反而是一般来说女生擅长的语文。化学不像数学总是反复计算公式，让人生出枯燥之感；不像物理，虽然原理规律听起来明白，但落到实处总有些似懂非懂。化学让她有一种亲切之感，她的比喻是“化学就像炒菜一样”，这不是无感而发，而是源于生活的经验。

鲍哲南读初中时，有一段时间父母经常出差，家里只有姐妹俩，放学回家后，她们就自己做晚餐，食材混合调味料在一起翻转煎炒。化学也是一样，那些复杂的化学分子，有机物和无机物混合在一起，奇妙的化学反应就像一锅混在一起的菜，最后“出锅”的是属于化学家的“佳肴”。

1987 年，鲍哲南考入南京大学化学系，学校是她从小生活的地方，专业既是她喜欢的也是母亲的专业，说来都是熟悉的环境，她也就如鱼得水，更有兴趣去做化学实验。

有机化学实验做得好不好，标准是“产量”：比如用一些起始分子，通过化学反应生成新分子，能生成多少，就叫作产量。如果产量没达标，成绩自然不及格。

第一次做实验的鲍哲南紧张得手忙脚乱，要么把烧瓶弄倒了，要么把东西洒了出来，实验结果也就达不到老师的要求。她自己总结经验，怎么才能把实验做好。她说：“我发现如果事先把实验步骤设想一遍，就像在大脑里放电影一样，想象我自己在做这个实验，当我能够设想出来的时候，我再去真正动手，我就可以做得非常好，得到很高的产量，比老师要求的还要高。”“这种成就感让我觉得很开心。实验成不成功，有一个确定的数值，你要达到甚至超过它。你会很清楚你有没有成功。这让我对自己也更有信心，做实验，我是可以做好的。”

母亲看到了她对化学的兴趣，决定帮个小忙。大二的某一天，她和母亲在教学楼里遇见了薛奇教授，20 世纪 80 年代薛教授在美国取得了高分子化学博士学位，回国后在南京大学所做的关于导电高分子的实验研究正是当时国内最前沿的领域。

母亲帮她问薛教授：“如果哲南能跟着您做一点儿实验研究就好了。”

“好啊，我很愿意。”薛教授爽快地答应了。

这成为鲍哲南步入高分子化学殿堂的契机。大二这一年暑假，她进入了薛教授的实验室，这本来可能是研究生才有的机会。在实验室第一次接触高分子化学实验，她就被深深吸引了。鲍哲南回忆道：“我记得第一次接触高分子的化学材料，实验结果产生了一个黏稠的东西，我就觉得好奇怪，去挑它一下，可以拉起来很长的丝，去碰碰它或者拉拉它，感觉就像它有反应一样。它并不是面粉或者像盐一样呆板的东西，它会对你有反应，这还蛮有意思的。化学在我眼前不再是抽象概念，我发现通过实验，可以把材料变成不同的形状或者做出一个新的东西。”

创造一种全新的、见所未见的产物，这是她眼中化学的魅力。

20 世纪 80 年代起，留学热席卷中国，一批批年轻人跨越重洋追寻新知。在大三这一年，鲍哲南和姐姐决定出国，她们坐了 48 小时的绿皮火车从南京到广州办签证，决定要去看看外面的世界。

工厂女孩

第一站是芝加哥。母亲陪着两个女儿出国后，很快返回了国内，两姐妹独自留在了这座异域城市。芝加哥位于美国中西部，是五大湖区最大的城市，有着优美的湖景，世界著名的芝加哥大学和西北大学分置城市两端。

出了国当然要继续读书，但作为来自中国的穷学生，首先要解决的是生存问题，她们决定一边打工一边复习准备考试。芝加哥不同于南京，没有车就寸步难行，所以到美国的第一步必须先学车，姐妹俩请了一个教练，每人上路练习了 4 个小时，就算培训结束，考取了驾照。说来胆大，在车水马龙的大都会，两个新手轮流开车回公寓倒也一切顺利，只是到家停车的时候，姐姐错把油门当刹车，结果一下子撞到墙上，新车的车头就瘪了。

对鲍哲南来说，美国是全新的环境，一切与国内不同，她既有些害怕也兴奋好奇。所谓打工，也可以看作对异国的探险。她做过好几种工作：和姐姐一起在工厂做流水线工人，装订检验 24 格的文件夹；在超市做装袋工；英语水平提高后，还做过图书馆整理员。在打工之余，她们还得准备考试，白天工作，熬夜看书，如今想来，那也是一段忙碌又开心的日子，她们真的在异国他乡实现了独立。对于刚刚 20 岁的年轻人，这大概是最值得称道的成绩。

鲍哲南超强的考试能力也开始大放异彩。由于大三时就出国，她没有本科文凭，但仅仅只复习了几十天，她就在美国研究生入学考试中取得了高分，直接被芝加哥大学破格录取为博士生。众所周知，芝加哥大学是常年排名世界前十的顶级名校。

在芝加哥大学，鲍哲南依然选择了化学。华裔高分子化学家于鲁平教授成为她的导师："于老师是很文绉绉的学者，比较安静、斯文，话不多，但是他非常细致，非常关心学生。我进他的课题组的时候，虽然之前在中国做过一个多月的研究，但时间太短了，还不清楚到底什么是科学研究，而其他同学至少有半年到一年的经验。当时我对研究一点儿都不懂，于老师非常耐心地对我从零教起，教到我能够做自己的实验、有自己的想法、写自己的文章。"

鲍哲南回忆说，刚进入芝加哥大学时，她经历了一段困难的适应期。当时在美国虽然已经一年，日常交流没有问题，但是学术语言非常有限。走进实验室，好多实验工具，虽然知道它们的中文名字，但连最简单的烧瓶或者烧杯的英文都反应不过来。更难的是，她还没有读完本科，有些基础课还没有学，一到美国就接触更高深的研究生课程，很多基础知识不完整，进了实验室捉襟见肘，自然感觉特别难，一开始考试也就考不好，这是属于她的艰难时刻。

鲍哲南唯有更刻苦地学习才能跟上进度。一周五天，除了上课，她都待在实验室，从上午 9 点一直待到晚上 10 点，周末至少也会有一天去实验室。化学实验不是光凭聪明或者悟性就能做成功的，大量的时间投入必不可少，不同的实验方法都需要时间去尝试，然后才能看到结果，这是聪明劲儿和笨功夫的结合。

而周末剩下的一天，鲍哲南会在宿舍做好接下来整整一周的午餐和晚餐。她喜欢做豆腐干烧肉、卤蛋烧肉，都是南京的家常菜，简单又好吃。她会烧一大锅放进冰箱，上学的时候每天装两个饭盒，就是午餐和晚餐。她以这样的方法苦中作乐，以最高的效率将最多的时间投入学习。

鲍哲南并不将那时遭遇的困难视为挫折："我一般不太把困难看作挫折，因为困难总是会遇到的，生活、学习中会有很多困难，但是它们不一定变成挫折，我们可以用自己的信念去克服，可能只是原先的想法或者做法遇到障碍了，可以想一想有没有其他的路跨过去，可不可以从学习方式、思考方式上去解决。这样去看待困难的时候，就觉得没有什么叫作失败或者挫折，往前看，这条路不通再从其他的路走。"

鲍哲南走通了属于自己的路，1995 年，刚刚 25 岁的她成功取得了芝加哥大学化学博士学位（见图 6–3）。

图 6–3　20 世纪 90 年代，移民芝加哥的鲍哲南（鲍哲南 供图）

发现时刻

鲍哲南面临新的选择：是继续留在学界做学术，还是去工业界，用自己的知识参与最前沿的工业创新。两个机会都向她发出了邀请：加州大学伯克利分校接收她去做博士后，贝尔实验室则在与她见面的第二天就邀请她成为正式的研究员。

她选择了贝尔实验室，其中一个原因是，她一直读书，突然有一个进入企业界工作的机会，出于新鲜和好奇，她也想试一试。另一个更深层的原因是，她一直对科学研究将如何真正影响人类的生活感兴趣，进入与实业界紧密联系的贝尔实验室，大概可以收获更直接的经验。

贝尔实验室是全世界工业实验室的杰出代表，从 1925 年开始运作，截至 2009 年，已先后有 13 位科学家获得诺贝尔奖。该实验室一共推出了 3 万多项专利，包括电视、数字计算机、激光器等重大发明，大大改变了 20 世纪以来人类的生活。

“去贝尔实验室让我意识到既可以做非常深奥的研究，同时又不脱离实际的应用。实际应用可以成为更深、更新的科学研究的启发。”鲍哲南说，这是她在贝尔实验室学到的，科学与实际应用要相结合，“如果知道哪一个应用可以改变人类的生活，可以改变世界，其实是一个非常好的方式，让科学家能够创造新的知识，创造新的科学。”

这当然是更大的雄心，“这也是我做科学的方式，我所做的必须基于最新的理念，所发明的必须是他人从来没有想到过的。把它做成之后，我们的生活可以完全被改变”。

而这种可能改变人类生活的研究方向，需要鲍哲南自己去寻找。她还记得刚刚加入贝尔实验室的那一天，领导只是给了她办公室和实验室的钥匙，告诉她：“这是你的钥匙，你去跟别人谈谈，看看你想做什么，自己决定。”鲍哲南花了两周和同事们聊天，看看他们分别在做什么、为什么做、意义在哪儿。

正是在这样的求索中，她确定了未来的方向——有机半导体晶体管，她觉得自己在高分子化学方面的知识正好可以有所应用。传统的半导体是用无机体硅制作而成的，随着科技发展，科学家制作的硅制晶体管越来越小，但最终依然有一个极限，这时候要再实现突破就需要半导体材质上的全新应用，这在鲍哲南看来，也就是新一代的有机半导体。

“电子工业的开端是贝尔实验室发明了晶体管，发现了可以用硅来做晶体管的材料。”鲍哲南这么解释当初的思路，“但硅就像玻璃一样易碎。现在，芯片可以做到 7 纳米，约为人类头发直径的万分之一，如果再缩小，就是原子级了，几乎已达到物理极限。电子工业如果有新的突破，我们所用的电子材料就要完全改变。”

1996 年鲍哲南加入贝尔实验室时，所谓的手机还是砖头一样大小的“大哥大”，苹果电脑还是笨拙的电视机大小，但她当时已经有一个想法，未来的电子设备将越来越小、越来越轻薄，20 年后的智能机全面屏依然不是终点，比如电子设备能不能像一张摊开的纸？可以像印刷一样打印制造的电子纸。

“我觉得这个设想非常令人兴奋，而且在科学上会有很大的新的创造余地，可以尝试很多新的设想。”鲍哲南说，传统的以硅为材质的半导体不能达到这样的要求，作为聚合物的塑料倒是可以，但塑料导电性很差，能不能通过高分子化学改变材质的特性实现这一点呢？

这是直接着眼于未来的设想，在20多年前不可谓不超前，它不是当时热门的研究领域，大概就与过于超前有关。鲍哲南的想法是，找到一种特别的分子结构，首先看它能否达到导电性的要求，如果达不到但有潜力，再尝试改变分子结构。

一般来说，化学家关心的是怎么合成分子，而分子具备怎样的电子性能属于跨学科的物理知识，这就逼着她首先要补课，补关于物理和电子学方面的知识，学懂了之后才能设计出到底怎样的分子结构能达成特定的电子学要求。但世界上人类已知或者合成的分子结构数以亿计，要从中选出适合的基本分子结构无异于大海捞针。当时互联网也不发达，为了查询，只能去图书馆查看不同的分子结构，找很久以前的文件和档案，这又是必不可少的笨功夫。

鲍哲南说："我根据自己对半导体物理的理解刻意地去设计一些结构，选出我觉得最有可能成功的，先去做实验，看会不会得到很好的电学性质。若得不到，研究为什么，改变它的分子设计再去测试，这样子不停地来回，使我们的理解越来越丰富。所以，虽然可能的分子结构有成千上万，但是最后尝试的时候只有几个，从中就能找到一个非常好的。"

加入不到一年，鲍哲南就首次提出高导电高分子半导体材料的分子设计理念，并制成世界上第一款全印刷塑料电子电路。4年之后，跨入新世纪的这一年，鲍哲南发明了世界上第一张有机半导体材料驱动的柔性电子纸，未来在她手中慢慢成形。一年后，她成为贝尔实验室的杰出研究员。

斯坦福岁月

2004 年，鲍哲南决定离开贝尔实验室，去斯坦福大学任教。

“在贝尔实验室做了 8 年，发现自己还是对基础科学研究有兴趣，不是为了做产品而做产品，而是喜欢一些新的科学发现，去创造新的事物，但在工业界，毕竟是由股票市场来决定公司要做哪些方向的，要有利润。所以，我还是很难做长期的基础研究。”鲍哲南说，她已经发明了第一张有机半导体材料驱动的柔性电子纸，虽然离产业化还很远，但可以看到工业界在朝着这个方向前进，这种“确定”的未来已经不能满足她，她希望自己的研究可以着眼于更长远、更开阔的下一个领域。她已经“超前”过了，现在要的是让研究更往前一步。

也是偶然之中，鲍哲南在校园内碰见了一位机械系的教授，对方当时发明了一个蟑螂机器人，可以以非常快的速度爬墙，极具科幻感。但教授告诉她，自己的研究遇到了麻烦，蟑螂爬墙靠的是机械手上的小钩子钩住墙面，但爬到顶的时候，机械手没有感知，钩子钩到空处，每次都会笨拙地掉下来。

如果机器人的手有感觉就好了，教授这么说。

“我一听，觉得这很有意思。”鲍哲南找到了研究的灵感，“机器人不能像人手那样去感知。我想柔性电子在这个方面可以做一些贡献，想要做出能模拟人手触觉的传感器。”

她和学生很快有了突破，做出了一款像人手一样灵敏的传感器。鲍哲南由此有了新的想法：如果把电子器件做得不仅有像人手一样的触觉，还兼具皮肤的其他特性，比如拉伸性、自修复性、生物降解性，就可以完全改变未来电子产品的功能（见图 6-4）。

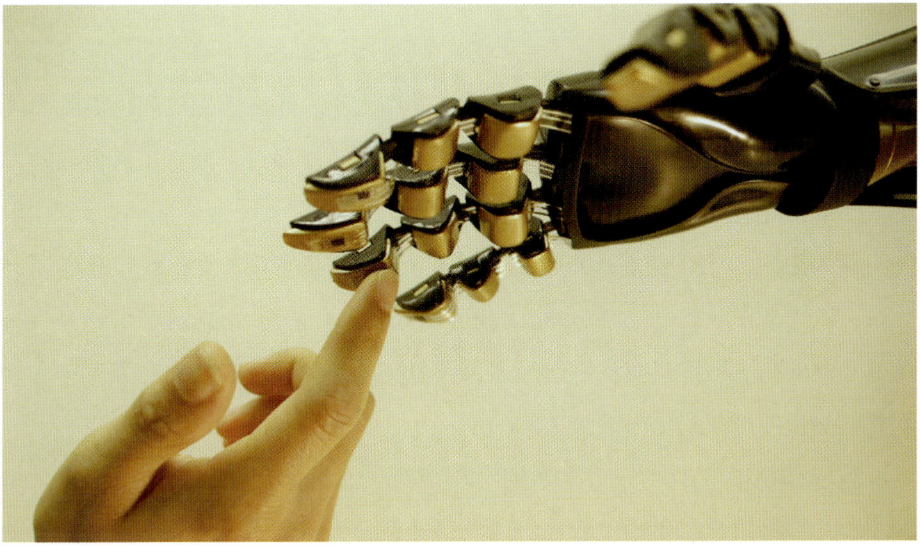

图 6-4　机器人不能像人手那样去感知的难题让鲍哲南找到了研究灵感，进而希望做出像人的皮肤一样的电子器件。面对这个跨学科难题，鲍哲南没有知难而退，反而更加兴奋（斯坦福大学鲍哲南教授科研团队 供图）

“就有这样一个灵感，将来的电子器件就像人的皮肤一样。”鲍哲南说，这就比柔性电子纸更超前了一步，不仅轻薄可拉伸，还真的具有人类皮肤的功能。它不但可以贴在机器人身上，让机器人具有像人类一样灵敏的皮肤触觉，还可以进一步安置在人体上，比如一旦假肢上也有这样的电子皮肤，那么对残疾人来说不就相当于再生了肢体吗？

这当然远远超出了当下科技的发展水平，但现在做不到，不代表将来不行。对鲍哲南来说，其中的困难与其说是挑战，不如说为她指明了方向。

从某种程度上说，人类的触觉比视觉、听觉还要复杂，人体皮肤虽只有薄薄一层，却集成了上千种类、上百万个“感受器”来追踪不同类型的压力，不仅能感受静态压力和动态压力、压力的方向和大小，还能感受疼痛、温度、硬度和湿度，而这些被“感受器”追踪的“感觉”还能通过神经将信号传导给大脑，形成复杂的通路。

简单来说，电子皮肤由敏感度极高的电子感应器组成，当感应器连成一片时，就形成了“皮肤”。工作也因此可以分成两大方面：首先找到新的材料，让基于此的电子器件具有皮肤的形态，可以灵敏测量复杂的压力、温度等，其次要使测量所形成的信号能被人脑识别。

这已经超出单纯高分子化学的学科范畴，而是涉及物理学、电子学、机械工程、神经科学、生物工程等的跨学科难题。但鲍哲南并没有“知难而退”，反而更加兴奋。在斯坦福大学，她有意将自己的研究团队打造为一个跨学科的平台。作为化学工程系的教授，她招收了大量背景各异的博士生和博士后，既有学机械的也有学神经科学的，以求不同学科能在“人造皮肤”这个最终目标的指引下碰撞出创新的火花。

“我们的目标是做出像人类皮肤一样的电子皮肤，它有各种不同的功能，是一个系统级的研究，需要不同背景的研究人员，比如材料设计、材料合成、材料工艺处理、电机和生物工程等。”鲍哲南说，“如果以人的皮肤作为启发，我们的思维就会有更多的创造力，不是局限于现在已有的电子器件的功能和模式去思考，而是用生物模拟的方式思考，这样就会有一些平常意想不到的想法。”

在斯坦福大学的十几年中，鲍哲南一刻不停地朝着心中的想法努力。她开发了前所未有的构成电子皮肤的基础材质：一种高导电性、类似生物组织的水凝胶——导电水凝胶，然后开发了另一种基础材质——可拉伸的高分子半导体材料，接着是可自修复的、可生物降解的半导体材料。

2010 年，她发明了一种比人的皮肤还灵敏的压力感应器，由聚二甲基硅氧烷（PDMS）构成的弹性物质，具有超强灵敏度，可以感知“一颗大麦、一小粒食盐、一只蝴蝶造成的压力”。

2015 年，鲍哲南及其团队在《科学》杂志发文，宣告他们成功研发了一种新的人造皮肤，接近人体皮肤触觉的真实机制，可以将皮肤接收的信号转换为大脑可读的电信号。

2018 年，他们又取得了新的突破：成功研发可量产的高密度、高灵敏度、可拉伸晶体管阵列（阵列的集合体就是人造皮肤），平均每平方厘米就有 347 个晶体管，分辨率达到每 0.5 毫米 1 个传感器。当晶体管阵列像一片创可贴一样黏在佩戴者身上时，佩戴者没有任何不适，感觉像是“第二层皮肤”（见图 6–5）。

同年，鲍哲南与合作团队宣布联合研发出一种人造感觉神经，能够以类似于生物神经的方式发挥作用，感受方向、传递信息和识别盲文。在进一步的实验中，把人造神经元的一个电极插入蟑螂腿后，来自人造神经元的信号能引起蟑螂腿部肌肉的收缩。

一步步地，鲍哲南慢慢走在接近心中未来的路上。

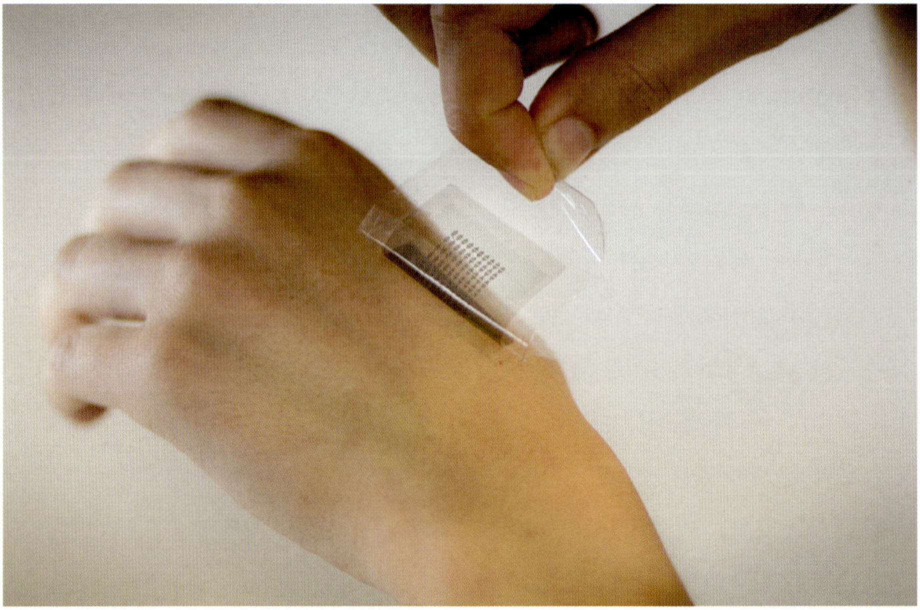

图 6-5　鲍哲南认为人造皮肤将改变人们未来的生活（斯坦福大学鲍哲南教授科研团队 供图）

凭借在“人造皮肤”领域的杰出成就，鲍哲南跻身世界顶级科学家之列：2015 年，她被选为《自然》杂志年度科学界十大人物；2016 年，当选美国国家工程院院士；2017 年，获得“世界杰出女科学家奖”。

科学之外

在斯坦福大学，同事和学生眼中的鲍哲南拥有多种特质——勤奋、超强的学习能力以及好脾气。

在工作日，她每天清晨 5 点起床开始工作，看论文或者处理邮件。她总是走路去学校，既是锻炼身体又是放松，北京大学教授雷霆曾在斯坦福大学跟随鲍哲南做博士后研究，他说，鲍教授即使走路也在打电话处理工作，或与学生商谈未来打算。到了学校，事务自然繁忙，作为化学工程系系主任、可穿戴电子中心创始人和主任，鲍哲南既要做科研又要上课，还有大量的行政工作需要处理，但她依然会投入时间与学生交流（见图 6–6 和图 6–7）。

图 6–6　鲍哲南为学生做报告（鲍哲南 供图）

图 6-7　鲍哲南在工作中（鲍哲南 供图）

黄卓筠曾在美国苹果公司工作一年，后来决定跟随鲍哲南读博士。她说鲍教授总是以鼓励的态度和她面对面交流，帮助她选择科研方向，有时她都不知道教授是怎么做到每天那么忙依然可以挤出大量时间和学生沟通的：要么清晨 5 点，要么半夜 12 点，学生们还能收到鲍哲南的邮件。

她的勤奋似乎与天赋里超强的精力融合了，学生们半是惊讶半是佩服地说，老师具有不用倒时差的能力。作为世界知名的科学家，鲍哲南常年飞赴世界各地参加学术会议，而她刚下飞机就能立刻开始工作。

超强的学习能力与电子皮肤研究的跨学科特性有关，如前文所述，高分子结构的导电性属于电子学，而皮肤质感又与仿生学有关联，电子皮肤与大脑的联结当然又属于神经科学，要让电子皮肤能正常工作，对电池的研究必不可少……这么多的学科交叉，术业有专攻，化学教授鲍哲南自然不可能是所有学科的专家，她作为研究团队的主理人，一方面要看大量其他专业的论文，汲取知识，另一方面要向合作者学习或与有着不同专业背景的学生一同学习，不是“不耻下问”，而是真正学术同侪间的平等交流，这让鲍哲南可以做到融会贯通。

这当然也与她的好脾气有关。学生们都知道，鲍哲南不喜与人争论，她觉得不如用实验结果去证实假设。她总以平等的心态与人交流，欣赏他人的优点，包容对方的缺点。

2016 年被《麻省理工科技评论》评为全球 35 岁以下年度创新 35 人之一、现任美国伊利诺伊大学厄巴纳–香槟分校副教授的刁莹 2011—2014 年就跟随鲍哲南做博士后研究。刁莹的博士专业本来是药物结晶，但听过鲍哲南一场关于柔性电子的讲座后，刁莹产生了跟随她学习的愿望。“第一次见面的时候，她已经很有名了。我在见面的地方等她，看见她一路跑步过来，担心我在那边浪费时间等她。”刁莹说，这给了她很深的印象，“她非常随和，虽然只是第一次见面，但我感到她一心想着学生。”

鲍哲南对学生真诚的关心大概与童年时目睹父母对自己学生的爱护有关。她每周会专门腾出几个时间段放在课题组的日历上，这样学生们就知道她什么时候有空，可以来找她。无论是科研困惑还是生活疑难，她都愿意力所能及地帮助他们。每年 6 月学生结业前，她都会在家里办聚会，邀请已毕业和未毕业的学生们参加，促进他们之间的交流，参与的学生都说那是一种大家庭的感觉。

在学术界和工业界，鲍哲南都有深厚的资源，她也愿意将之无私地分享给学生。刁莹说，博士后研究后期，老师将一个珍贵的学术会议的机会交给了她，她要上台做学术报告，在场的多是专业领域的领军人物，像她这样还没有教职的不过两个人。对于一个想在学界立足的新人，参与这种学术会议的重要性怎么说都不过分。为了让她能更好地发挥，在报告之前，鲍哲南还会带着她排演，给她设计“punch line”（点睛之笔）的建议。当时刁莹信心不足，做报告的声音不自觉地低下去，会议室外人声嘈杂，看见她的紧张，鲍哲南以一个微小的动作给了她支持——她不动声色走到门边轻轻将门关上。

作为一位杰出的科学家，鲍哲南也以身体力行的方式教给学生们，特别是如她一般的女性，如何平衡工作与家庭。刁莹说，如今她自己也要两者兼顾，才知道要做到这一点多么困难。能平衡好，简直就像超人一样：鲍哲南加入斯坦福大学准备向电子皮肤发起冲击的时候，她也是一位怀着身孕的准妈妈。每天清晨，鲍哲南结束早起的工作后，7点，她会给两个孩子做早餐、准备午餐的饭盒，只要不出差，天天如此，这是她在繁忙的工作中能挤出的固定时间之一。她和家人约定，无论再忙，每年春假、暑假都要一起出游，为了减少花在路上的时间，有时候出游就与参加学术会议相结合。

“我觉得工作对我而言是一种追求，但家庭对我来说更重要。因为有工作，我不可能所有时间都和我的孩子在一起，所以我必须选择和他们在一起的时间是效率最高的可以与他们互动的时间，比如早晨吃饭的时候，或是晚上与他们一起玩或做功课的时候。”作为一位科学家，鲍哲南也以一种“科学”的方式维护着自己的家庭，毕竟人生幸福莫不在此。

这大概是最幸福的状态了，鲍哲南能以一种最纯粹的状态投身于自己奋斗不息的科学事业：充满创造、敢于冒险、不惧挑战。

同为女性科学家的居里夫人说的话大概就是最好的注脚："实验室里的科学家也是一个被置于自然现象之前的孩子，这些自然现象给他留下的印象就像童话一样"，"如果我看到我周围有什么重要的东西，那就是那种似乎坚不可摧的、类似于好奇心的冒险精神"。

（文 / 张瑞）

科学精神内核

鲍哲南的父母都是南京大学的教授，经历过动荡的岁月，尤其珍惜宝贵的科研机遇。从女儿儿时起，他们便注重培养她对世界的探索欲，后来这份好奇心和改变世界的雄心成了贯穿鲍哲南科研生涯的品质。

1990 年，南京大学本科三年级的鲍哲南随家人前往美国，一边在工厂、超市打工，一边准备美国研究生入学考试，并且因为成绩优异直接进入芝加哥大学攻读化学博士学位。那时，她不仅对科研没有经验，甚至连烧杯、烧瓶的英文名一时都反应不过来，唯有更刻苦地学习。

鲍哲南只用了不到 4 年半时间就拿到了博士学位，面对诸多机遇，她选择进入著名的贝尔实验室，因为她在那里有机会用创造发明改变世界。加入不到一年，她就首次提出设计高导电高分子半导体材料的分子设计理念，并制成世界上第一款全印刷塑料电子电路。4 年后，她发明了世界上第一张有机半导体材料驱动的柔性电子纸，改变未来生活的电子产品开始在她手中慢慢成形。从小时候的好奇心出发，她拥有了重塑人类生活的创造力。

ME

7

颜宁

独 属 于 科 学 家 的 奖 赏

颜宁，结构生物学家，美国普林斯顿大学教授，美国国家科学院外籍院士，1977 年 11 月生于山东章丘，本科毕业于清华大学。作为世界级结构生物学家，她在膜蛋白特别是跨膜转运蛋白的研究上取得了一系列重大成果，曾获国际蛋白质学会“青年科学家奖”、赛克勒国际生物物理奖、魏兹曼女性与科学奖，2016 年入选《自然》杂志评选的“中国科学之星”。

激情

PASSION

沉浸

IMMERSION

雄心

AMBITION

友谊

FRIENDSHIP

勇气

COURAGE

征服之后的畅快

2019年4月30日，春光明媚的普林斯顿大学。临近中午11点半，颜宁从睡梦中醒来，发现手机和邮箱被“祝贺”“恭喜”的信息淹没了。她握着手机愣了一会儿，完全不知道发生了什么。前一天，她像往常一样工作到凌晨，学生和同事们都知道颜宁习惯在夜深人静时“错峰”工作，极度的安静能够令她不受干扰地沉浸在生物学的微观世界里。睡前，她为中午的教授午餐会订了11点半的闹钟，结果短信和邮件比闹钟更早地让她清醒过来：就在半小时前，美国国家科学院公布，结构生物学家颜宁当选为美国国家科学院外籍院士。所有人都在祝贺她，而这位42岁的年轻教授在朋友圈后知后觉地发问：啥？一醒被贺傻了，什么事?

美国国家科学院有150多年的历史，每年在世界各国评选出科学领域最杰出的代表、为人类科学事业做出了巨大贡献的科学家，授予科学院院士称号。

这个职位不接受申请，完全由现任院士发起提名，通过投票选举产生。此前半个世纪，入选的中国大陆学者总共 21 人，其中包括杨振宁、华罗庚、袁隆平等。颜宁在结构生物学领域的成就是世界公认的，她获得了国际上的多个奖项：国际蛋白质学会“青年科学家奖”、赛克勒国际生物物理奖、《自然》杂志“中国科学之星”、魏兹曼女性与科学奖……

不过，与她在这个春日中午的反应一样，对颜宁来说，发表论文、荣获奖项永远不是最令人兴奋的时刻。从过去到现在，能让她每天沉浸在实验室 14~16 个小时的不是别的，完全源于她对分子世界非凡的好奇心，以及发自内心的对探索的强烈渴望（见图 7–1）。

颜宁曾经带的博士生殷平在多年以前就见证过一个这样的时刻。那是 2009 年 9 月，他们的课题脱落酸受体结构正在攻坚阶段，他和师弟师妹在实验室值守，颜宁在隔壁自己的办公室解结构。夜很深了，大家都很疲惫，就在这个时候，颜宁突然从办公室跑了过来。“我们看到那个东西了，”她兴奋地说，“光看到还只是一方面，关键是我们知道它为什么会起这个作用，我们是窥探这个世界奥秘的第一拨人！”

殷平深受震动。颜宁当时 32 岁，刚从普林斯顿大学回国两年，师徒之间实际上算是同龄人。实验室那时刚刚起步，脱落酸受体结构又是一个国际竞争相当激烈的项目。殷平是第一次做结构生物学的课题，每天担心实验做不好、进度赶不上，承受了不小的压力。然而在那一刻，颜宁那种像小女孩一样闪耀着的激动直抵他的内心，他第一次在科研中体会到如此程度的快乐。后来殷平也选择了科研道路，成为一位年轻的结构生物学教授。他从未跟老师说

图 7-1　颜宁工作照（颜宁 供图）

过自己的选择是否跟那天的感受有关，但他的确一直都记得那个夜晚。殷平说："确实很兴奋，我听她这样讲的时候，自己会感觉非常亢奋。我也会觉得做 science（自然科学）搞了半天，真正的奥妙或者奇妙之处就在这儿。"

颜宁从事的结构生物学是生命科学最基础的研究领域之一。在生物学意义上，人体可以被看作一台自成系统的生化反应器，一个细胞就是一座生机勃勃的工厂，它们消耗能量和原料来生产各种不同的产品，主要是蛋白质，这种物质能执行几乎所有重要的生理功能。以蛋白质为基本组成单位的各种分子机器分秒不停地运转，维系着我们的吃喝拉撒、生老病死，它们没有智慧，但确实知道该做什么，并且效率极高。

正如要修理一辆汽车就必须了解它的每个零件有几颗螺母、如何发挥作用，结构决定功能，对生物的一切了解也同样基于结构。然而我们可以拆开一辆汽车研究它的零件，却不可能用同样的方法观察动物和人，更何况分子世界的尺度实在是太小了。

人体内最大的细胞是成熟的卵细胞，它们的平均直径是 0.1 毫米，人体最小的淋巴细胞直径只有 6 微米（1 微米是千分之一毫米）。而那些在细胞内部和细胞膜上发挥重要功能的蛋白质，即使是最有想象力的人，恐怕也很难确切地描述它们的尺寸。我们只能通过科学家们来了解我们自己。这就是结构生物学家的工作：想办法探寻那些对人类至关重要的小零件长什么样、如何运转。这是一门完全源于好奇心的科学，是人类想要破解关于自己的"源代码"。想想吧，就像是一台计算机在没有程序员指令的情况下开始对自己进行拆解、分析，这本身就是一个生物奇迹。

自2007年独立领导实验室以来，颜宁在核心学术期刊发表了近80篇科研论文，差不多每篇都意味着一个新发现。在她和她的团队之前，世界上没有任何人看到过那种叫GLUT1的膜蛋白是如何把我们赖以生存的葡萄糖运输到细胞里面的，也没有人知道真核生物细胞膜上那些专门控制钠离子和钙离子通过、对神经传递和肌肉收缩等生理过程有重要作用的孔道是什么结构、如何发挥功效……

“你不想知道月球表面或者海底是什么样的吗？同样，我就是想知道支撑我一切生命活动的这些生物分子长什么样，更进一步看看它们是如何组装在一起来完成包括呼吸、心跳、思维、做梦、生老病死等各种生命功能的。”颜宁说。

她与一位女性登山者有过一次交谈，她问对方：你一座一座山去攀登，上瘾吗？登山者反问：你做科研，不是一样吗？

颜宁说：“我想了想，一样之处可能是征服之后的畅快。不同之处是，科研不希望知道山峰在那里，也许科研更像探索太空。To know the unknown（探索未知）.”

基础科学是奇妙的、重要的，但与此同时，“基础”二字也意味着与应用和大众生活的距离。结构生物学起源于20世纪50年代，在不到70年的时间里，至少有30个诺贝尔奖与结构生物学有关，但公众熟知的只有一个：1953年2月28日中午，剑桥大学的年轻科学家弗朗西斯·克里克和詹姆斯·沃森步入位于国王学院斜对面的老鹰酒吧，宣布他们发现DNA（脱氧核糖核酸）是由两条核苷酸链组成的双螺旋结构。

记者在采访中常会问颜宁的一个问题是：您的研究有什么用处呢？

“我们现在做的确实很基础，也许这一辈子都没有用，但也许过多少年就有用了。就比如‘波粒二象性’这么基本的东西，最开始也没有人去想它有什么用啊，但是到现在为止，多少应用都是跟它有关系的。”颜宁说，“真正做科研的时候，我其实就是觉得这个东西很好玩、很神奇，大家不知道这是怎么一回事儿，我想把它弄明白。混混沌沌地活着和很清楚地活着是两种不同的概念吧？我们做的是结构生物学，很多时候是直接‘看到’它，这是第一步。你想，有多少机会能让你变成世界上独一无二知道一件事情的人？”

闺密

回忆儿时，人们往往难以分辨某段记忆究竟是真实发生过，还是源于自己的想象。时间会让大脑渐渐变得不可靠。不过颜宁至今都很确定，她的确清晰地记得初中第一次从生物课本上知道“细胞”这个概念时自己的心理活动：盯着书本，想象着自己如果能获得《西游记》中最喜欢的角色美猴王的超能力——72 变，那么她要变得无限小，小到能钻进人的身体里，钻进组成人体的每个更小的细胞里，去看看里面到底在发生什么，是不是有一个微型宇宙。

那是一个小女孩一闪即逝的幻想。10 岁出头的颜宁当然想不到自己日后会成为世界上最出色的结构生物学家之一，将探寻生命在分子尺度上的奥秘当作毕生追求的事业。但不得不说，有些东西或许在很早的时候就已经初露端倪：只有极少一部分人天生就怀有对事物纯粹、天真的好奇心。这是一种非常宝贵的天分，如果你想要成为一个科学家，它甚至比数学、物理或者化学这些“知识”重要得多。

事实上，在2000年8月去普林斯顿大学读博士研究生以前，颜宁并不仅仅对生命科学感兴趣，更确切地说，她对生命科学的兴趣尚未明显地超越其他事物。世界上有趣的事情太多了，它们平分秋色地吸引着颜宁的注意力。放学回家后，她总是听广播到黄昏，等到天色完全黑下来，会一边看窗外的星空一边思索“宇宙到底有没有边”之类的问题。她喜欢古诗词，好奇古人的遣词造句出典何处。她成日捧着一本豆绿色封面的《成语词典》逐条翻看，顺便把整本词典背了下来，那是她高中时期乐此不疲的“课间游戏”。

颜宁也跟许多女孩一样喜欢明星八卦。基于做会计的母亲一直以来“做一件事就要做到最好”的教育，她相当认真地考虑过未来做一名娱乐记者。可惜的是，这个计划还没来得及迈出第一步就被迫宣告流产。在颜宁念高中的20世纪90年代初，中国社会对科学技术的崇拜达到顶峰，人们坚定地认为最聪明的孩子就应该去学习最能体现人类聪明才智、最能为国家创造实际价值的知识——“学好数理化，走遍天下都不怕”。颜宁的成绩是年级第一，班主任老师坚决不放她去文科班。

颜宁接受了安排。她的性格一点儿都不乖顺，恰恰相反，这么做唯一的理由是她本能地不愿给自己设置界限。下一次类似的情形出现在她考上清华大学的时候，因为舅舅是医生，父母都很希望她学医，但她害怕解剖。生物和医学看上去挺接近的，又因为她听说“21世纪是生命科学的世纪”，于是她选择了生物系。

颜宁说："到现在为止，我决定的是我不做什么。其他东西我很好奇，都很想去试一试。"这个简单的原则一直在她人生的重要关口发挥着作用。她从来不喜欢做长期计划，就像她总是挂在嘴边的："计划赶不上变化。""每个人的人生都是与众不同的，每个人必须为自己做主，并为自己的任何决定负全责。"

1996 年秋，颜宁成为清华大学生物科学与技术系的一名新生，按清华的传统编号称"六字班"。大学里，她一如既往过得自在，游泳、打乒乓球，战胜"五字班"的师兄成功当选系学生会主席，做了系刊的主编，还组织师弟师妹采访老师。更重要的是，她在这里结识了一群对自己影响很深的好朋友，包括她至今引为至交的闺密李一诺。

李一诺是颜宁的同班同学，两人的友谊源起大一暑假，因为各怀心事都没有回家的两个女孩在打饭的路上碰见，在蝉鸣声中相互倾诉了彼此的秘密。相熟之后，她们发现彼此既相似又不同，相似的是两人至情至性、不在意旁人评说的个性，不同在于，用李一诺的话说，自己是"无趣地奔前程"，而颜宁是"有趣地没前途"。

李一诺是山东省的保送生，自小聪明优秀，对自己未来的规划相当有主见，想到什么便立即动手去做。颜宁乐得跟从她的计划。好友用功，颜宁便也成了在自习室待到最晚的人。在李一诺的规划下，两人在大二就考完了师兄师姐们通常大三才会去考的托福和 GRE（美国研究生入学考试）。李一诺的爸爸在帮两个女孩报名托福考试的时候错将颜宁名字里的 Ning 拼成了 Nieng，导致颜宁后来只好用这个名字申请学校。李一诺知道后笑说，等你以后成功了，这名字肯定好，“因为叫 Ning Yan 的肯定一大堆，但 Nieng Yan 只有你一个”。十年之后，一语成真。

颜宁吸收了好友的执行力和严谨，李一诺则吸收了颜宁浪漫的一面，她在颜宁的鼓动下开始恶补从来没读过的金庸小说，看从来没看过的“花边电影”，半夜在校园里游荡，按照颜宁给的“寻宝地图”寻找一盘录音带。那是颜宁送她的生日礼物，里面录了很多颜宁想对自己说的话。10 年之后，李一诺作为分子生物学博士毕业于加州大学洛杉矶分校，进入麦肯锡咨询公司工作，迅速成为全球董事合伙人。一位她们共同的老师在知道两人的发展后非常惊讶，对李一诺说，他原本以为会是反过来的：李一诺会成为“靠谱的科学家”，而颜宁会成为“一个每天胡说八道的商界人士”。或许朋友就能起到这样的作用：让你发现更多面的自己。

大四伊始，李一诺联系了诺和诺德中国研发中心写毕业论文，于是颜宁也在那年深秋毫不犹豫地申请了诺和诺德公司实验室的实习职位。那是她第一次正经地接触科学研究，那段经历让她得出了两个结论：第一，她喜欢做实验，这是一件让人快乐的事；第二，她讨厌公司朝九晚五刻板的节奏，尤其不喜欢复杂的人际关系。公司天然属性导致的阶层划分使得研究人员不能对自己的项目负责到底，因为一旦公司计划有变，即使你的项目再有趣，也存在被砍掉的风险。颜宁认为：“我觉得在实验室才能找到我想要的自由。”

颜宁决定走出去，去更广阔的地方看一看。恰逢当时在普林斯顿大学做分子生物学系助理教授的施一公到清华大学做报告，颜宁那天生病没去听，同寝室的同学回来兴高采烈地谈论施老师的研究多么有趣、普林斯顿大学如何优秀。施一公是1985年清华大学生物系复系之后的首届本科毕业生，也是当年结构生物学界备受瞩目的新星，博士后工作尚未完成便被普林斯顿大学聘用。2000年，也就是颜宁本科毕业那年，施一公负责面试申请普林斯顿大学的亚洲学生。颜宁给施一公写了一封英文邮件，清晰地陈述了自己的能力优势、过往经历和未来想法之后，在邮件的结尾写道："我觉得自己各方面的能力都很出色，我希望把时间花在更有价值的地方。但申请出国太浪费时间和金钱了，如果普林斯顿大学录取我，我就不用再花精力申请别的学校了。"

"你终于会做实验了"

颜宁是在一个清爽的傍晚到达普林斯顿大学的。从大巴车上下来，她看到眼前居然出现了一座城堡。两棵巨大的雪松姿容挺拔，萤火虫的光亮星星点点、若有若无地在她身边盘旋，树下有人在弹吉他，歌声飘散在夏末清凉的晚风中。她只花一秒就确定了自己喜欢这个地方。那一刻她当然想不到，接下来，她将在这里度过后来被她自己描述为"暗无天日"的两年。

或许是因为跳脱的性格和发散的思维方式，颜宁最开始并不适应实验室的节奏。有时她会在无意间犯一些小错，更多的时候似乎所有步骤都是对的，所有设计看上去都合理，但不知道出于什么原因，实验就是没有结果。

她所在的实验室当时的主攻方向是细胞凋亡的分子调控机制。凋亡就是细胞的程序性死亡，是我们的身体聪慧地清除多余细胞的过程，就像在变成青蛙的过程中，蝌蚪的尾巴会渐渐自动消失。细胞凋亡的异常是癌症发生的重要指标之一。揭示细胞凋亡的分子机理不仅可以加深对基本生命过程的了解，还能够为开发新型抗癌药物提供重要靶点和线索。这是当时领域内的热门研究方向，只是说一说都足够让人激动。一年多的时间很快过去，实验室的其他同伴纷纷取得成果，已经有同年级的同学在国际顶级的学术期刊《细胞》上发表论文，颜宁却是“什么都做不出来”。她感觉自己被卡住了。

除此之外，普林斯顿大学的确是完美的学校。在这座历史悠久、风景如画的小镇，给他们上课的老师大多是老教授，许多经典论文和课本知识都出自他们之手，科学发现讲起来就像历史故事般引人入胜。课堂上没有教材，老师带着学生一篇一篇地研究经典论文，告诉他们“任何经典的 paper（论文），你都可以找出它的瑕疵”。无论多年轻的学生都被当作 young scientist（年轻的科学家），他们受到充分的尊重，从来不怕跟导师或系里的教授产生学术争论。本质上，科学就是反常识的、永远在革命的。“权威”的概念在颜宁心中越来越淡。她聪明又勤奋，沉淀了许多对于一个科学家至关重要的特质，但此刻还缺少一点儿后来被她称为“科学直觉”的东西，信心也还在路上寻找她。

“直觉”是一种令人神往却又难以捉摸的技能，尤其是对结构生物学来说，在以 X 射线晶体衍射为主要研究手段的年代，科学家们想要看到一个结构大体需要三个步骤（见表 7-1）：第一，在体外培养出性质稳定的蛋白质；第二，创造合适的反应条件，使蛋白质长成足够大、质量足够好的晶体；第三，通过 X 射线衍射观察晶体，回收数据，解析出三维结构。第二步“结晶”是公认最困难的环节，如何寻找合适的结晶条件，全凭科学家的设计和经验。很多时候你可能得从一万条路当中找到正确的那一条，那么如何才能预知哪条路可以最有效地解决问题呢？毫无疑问，有些直觉是可以习得的。这就是为什么结构生物学的学生被要求进行大量的实验训练。通过这种方式，他们开始获知哪些方法可行、哪些不可行，与此同时，这也增强了他们解决问题的具体技能。

表 7-1

在以 X 射线晶体衍射为主要研究手段的年代，科学家们看到一个结构大体需要三个步骤。	
1	在体外培养出性质稳定的蛋白质。
2	创造合适的反应条件，使蛋白质长成足够大、质量足够好的晶体。
3	通过 X 射线衍射观察晶体，回收数据，解析出三维结构。

颜宁开始天天泡在实验室。只要手头没有实验，她就在一边默默观察实验室其他成员的操作。导师施一公做实验可谓赏心悦目，似乎每个步骤都已经印在他的脑海里，一旦开始便行云流水，一气呵成。她仔仔细细地看着，记下来：施老师换移液器枪头的时候总是按特定的顺序，连给标签纸折角都有特定的方法。他对颜宁说，这些看起来微不足道的"小手脚"都是为了避免瞬间分心可能造成的失误，有时，很可能是一个甚至连你自己都没意识到的小失误导致整个实验前功尽弃。颜宁记住了导师的这句话："不是我们实验做得快，而是我们犯的错误少，弯路走得少。"

她也喜欢看师姐吴嘉炜做实验。师姐是整个实验室作息最规律的人，工作量却不比任何一个人少，甚至更多。她的工作台永远条理清晰，做完实验立即收拾得干干净净。师姐告诉她，自己每天晚上睡前都在头脑里预演一遍第二天要做的实验，包括可能出错的环节和细节。这也慢慢成了颜宁的习惯。

颜宁还经常观察实验室年纪最大的师兄、施一公的得意门生柴继杰。柴继杰只比施老师小一岁，考进实验室读博之前在丹东的一家造纸厂工作，完全没有受过科学训练。他极其聪明，也许是因为非科班出身少了许多条框限制，实验中常有出人意表的想法，不按常理出牌，甚至会自创一些 protocol（实验流程）。颜宁说："后来，当我的经验积累得多了，我不由得感慨，可不是吗，生物学研究里哪里有这么多的常理？所谓 protocol，不过都是经验的积累。只迷信别人的经验，又怎么能创新？"必须承认，有些方面的直觉是无法传授的。经过长时间的积累和内化，这些直觉才能自己生长，在特定的时间和地点与特定的头脑碰撞。

2003 年 1 月 11 日，颜宁在无数个场合提到过这个日子。那一天，在普林斯顿大学，她独立设计、完成了一个极为复杂的生化实验。极少直接夸人的施一公第一次热烈地表扬了她：你终于会做实验了。

选最难的那个

很多时候，颜宁觉得不是她选择了科研，而是科研选择了她。

说不清为什么，那天之后，在没有任何外界压力的情况下，她的身心完全沉浸在了实验当中。她主动接下了实验室的好几个"硬骨头"，越挑战越兴奋，沉迷在那些巧夺天工、精巧无比的分子机器当中。她迷上了晶体们。结晶简直是一门艺术，它们在偏振光下就像五颜六色的钻石，有的轻巧若羽毛，有的状如废墟上拔地而起的高楼，还有的长成凤凰羽翼的样子，仿佛马上就要涅槃重生。它们像钻石一样美，不，它们比钻石更美。“你看我们这个晶体，英文叫crystal，水晶的英文也叫crystal，这个crystal可比那个crystal要贵很多很多呀。”颜宁说。

完成难度最大的结晶步骤之后，晶体需要被送去同步辐射实验室进行X射线衍射。距离普林斯顿大学最近的同步辐射实验室位于长岛，车程大约两个半小时。有半年时间，颜宁在同步攻坚调控细胞凋亡的两个重要蛋白质CED–4和CED–9，平均每两周就要跑一次长岛。由于使用需求频繁，正常申请的上机时间不够用，她总是见缝插针地申请在线站维护的时间去收数据，也就是晚上11点到早上7点。

于是，每隔两周都会有那么一天，颜宁在下午出发，沿着公路开两个半小时车抵达长岛，把后备厢里的显微镜、装有晶体的泡沫塑料箱、工具箱、零食袋子连同一架三层小推车一起，一样一样搬到同步辐射实验室的线站。接着她会去附近一家名叫“喜福会”的中餐馆吃晚饭，到临时宿舍睡上两个小时，然后在晚上11点准时出现在长岛的实验室里，“精神抖擞地开始持续8个小时的实验”。她在那些日子里养成了在深夜工作的习惯，直到现在还保持着这样的作息。同事和学生们都知道，颜宁是“在中国过美国时间，在美国过中国时间”，她常常晚上10点出现在实验室，神采奕奕地跟准备离开的学生打招呼。

在那半年，颜宁往返长岛20余次，绝大多数时间都是一个人。她很少感到孤独，也从未觉得有什么事情是自己不能处理的，“压根儿没觉得因为是女生，体力可能不足，会不会有安全问题啊”。有一次，颜宁正好跟师弟一起去做实验，遇到大塞车，旁边的一辆大货车刮花了她的车门。她从来没遇到过这种事，打电话给导师施一公求援。施一公在电话里问：你们人都没事吧？哦，那就好，赶紧开车上路吧，你车里的晶体可比你的车贵重多了。颜宁开的是刚买不到一年的新车，之所以不像大部分同学一样买二手车，是因为她愿意多花一点儿钱来省下很可能会耗费的维修旧车的时间。但在那个时刻，她"发自内心地觉得他老人家说得很对"，比起为了晶体所付出的心力，一辆车真的算不了什么。颜宁说："那一刻我前所未有地明白，所谓价值，在于你最看重的是啥，与金钱无关。"

至此，科研超越其他事物，成了颜宁生命中不可或缺的东西。她把自己的好奇心全部投入，而科研回报给她世界的奥妙、成就感和美。她感受到充盈的信心，实验顺风顺水，没有什么能再阻挡她。攻读博士学位期间，她研究的是线虫和果蝇中控制细胞凋亡的通路，阐明了该通路的生物化学基础（见图7-2），因此获得了2005年由《科学》杂志和美国科学促进会评选的北美地区"青年科学家奖"。这一奖项专门用来奖励最优秀的生命科学博士毕业论文，在全球范围内每年只有5人入选。

到了博士后研究阶段，颜宁的思路已经转向要去挑战最难的课题，过世界上最大的关。2004年，施一公决定转型做膜蛋白结构研究，实验室的很多同门都感到压力很大。众所周知，膜蛋白极为特殊的性质让它们成为最难被观测的一类蛋白质。膜蛋白数量庞大，是很多基础生命活动的重要承担者，在FDA（美国食品药品监督管理局）批准的上市药物中有一半以上以膜蛋白为作用目标。人类在1957年就获得了历史上的第一个蛋白质结构，然而直到1985年，也就是28年后，人类才第一次看到膜蛋白的三维结构。科学家们不懈攻

图 7-2　2004 年，27 岁的颜宁在普林斯顿大学获博士学位（颜宁 供图）

坚，至今对它知之甚少。“打关吗，”得知实验室的转型方向后，颜宁心想，“玩儿膜蛋白最难，那我就去做这个。”

她发现，不知道从哪天开始，自己的生活好像真的跟科研完全扭在了一起。“我就发现除了 research（研究），很少有让我喜怒哀乐这么重的事情了。”一年半以后，她做出了实验室的第一个膜蛋白结构。

一招毙命

2006 年年底，趁博士后研究课题告一段落，颜宁回到北京看望父母，顺便去清华大学探望了自己曾经的系主任赵南明，赵老师帮她写过推荐信。

“你的科研怎么样呀？在《自然》杂志发论文了吗？”见了面，赵老师问她。

“我发了呀。”颜宁挺骄傲地说。

“那你想回来做教授吗？”

“可以啊。”颜宁以为老师在开玩笑，嘻嘻哈哈地回答。

赵南明没有开玩笑，10 天后，颜宁在清华大学医学院通过面试，30 岁的她成为清华大学最年轻的教授（见图 7-3）。

在那个年代，国内的生物学研究环境跟国外一流大学相比还有不小的差距。像颜宁这样已经崭露头角、被学术界关注的年轻科学家通常很容易在全球条件最好的实验室找到一份教职，接着稳步上升，直到拿到终身教职，前途是看得见的。而在这个时候选择回国从头建立实验室，则意味着极大的不确定

图 7-3　颜宁在清华大学授课（颜宁 供图）

性。许多人都对颜宁的选择感到诧异。事实上，颜宁只是在一如既往地做自己——一个“计划赶不上变化”的冒险家。她的心气让她对一些同行颇有微词，认为他们不该把自己的才能耗费在一些细枝末节、为前人添砖加瓦的研究上。她要研究最重要的问题——那些能拓展人类认知的问题，“稳步上升”并不是她所在意的。

颜宁在清华大学带的最早的一批学生直到今天都感到幸运。那时实验室刚刚成立，尚未形成“老带新”的完整链条，每个实验都是颜宁先做一遍，然后看着学生们再做一遍，指出其中的问题。颜宁喜欢穿帽衫和牛仔裤，头发绑成马尾辫，看起来跟学生没什么两样。在课题最紧张的阶段，这位“小师傅”每天晚上都在实验室里跟学生们一起做实验。大家平时换移液器枪头时，习惯了看到哪个就换哪个，但颜宁说不行，这样容易犯错，要严格按照顺序，这样万一多加或少加了溶液就可以从枪头的多少判断问题出在了哪儿。颜宁把最枯燥的点晶体环节变成了跟学生的比赛，她会在取得速度优势的时候得意地扬起下巴，炫耀说：“姐姐我用了不到一天时间就做出了你们三天的工作，我觉得你们还没有出师啊！”碰到学生跟她争论学术问题，颜宁会格外开心。“她永远都这样，”一位博士生回忆，“永远说什么时候你能把她说服了，她就觉得自己带出了一个真正的博士。”当然，这种时候并不多。大多数争论还是以颜宁的“胜利”告终。

2007—2011 年，短短 4 年时间，颜宁带领团队解析出了 5 个膜蛋白结构，科研成果在 2009 年和 2012 年两次被美国《科学》杂志评选的年度“十大科学进展”引用。这在业界几乎是不可能的成就。一位师兄曾经惊讶地问她，为什么你们做东西这么快？颜宁的答案很简单：“无他，就是避免走弯路。不论学生有多聪明、多用功，经验教训总是比不上你的。他自己磕磕绊绊地折腾半天，也许你和他一起工作几分钟就帮他绕开了陷阱。”

到 2013 年，实验室已经运转流畅，培养了几年的学生们也都跟着团队在核心期刊发了论文，不再有毕业压力。颜宁感到自己已经做好准备，她停止了那几个用来给实验室“练手”的研究方向，开始专攻膜蛋白领域的明珠——人源葡萄糖转运蛋白 GLUT1。有同事劝阻她，说她这样做是在冒险，更何况之前的几个方向看上去前景光明，未来有很好的应用潜力，不接着做实在太可惜了。

就连颜宁自己团队的博士生邓东也认为导师做了不明智的决定，他跟颜宁为此争论了很长时间。在邓东看来，人源葡萄糖转运蛋白是前辈们努力了 50 年都没有做出来的结构，他们应该更保守一点儿，先从昆虫的同源蛋白做起。他当时已经拿到一个昆虫的葡萄糖转运蛋白，并且成功让蛋白长成了晶体，只差最后的一步——X 射线衍射，成功看起来近在眼前。

然而这一次，一向欢迎“顶撞”的颜宁坚决地否决了学生的提议。她完全理解邓东的想法，先做同源蛋白，结构解析最难的三道关，他已经过了两道，而要直接攻克 GULT1 则要重新从第一关打起。颜宁认为：“从我这儿来说，就是这一道关过去了，你就直接登顶珠穆朗玛峰了，而你那三道关过去了，也才到 6 000 米高的地方。”有能力登上珠穆朗玛峰的人不应该去爬玉龙雪山。

颜宁对邓东说，你已经做到了这个程度，不缺一两篇发表在《自然》或者《科学》上的论文，我不在乎，你也不应该那么在乎。你现在有时间、有精力，还有财力去做一件事情，为什么要去做次等的事，而不是最重要的事？就直接一招毙命，拼了！

后来有学生告诉颜宁，师兄那天从她办公室出来是“绿着脸走的”。他回到实验室就跟师弟师妹们感叹，我们选择了一条不归路啊，可能得四五年才看得到结果。

邓东如今也做了教授，依旧在从事结构生物学方面的工作。关于是否展开对 GLUT1 研究的争论，他现在谈起来都非常佩服颜宁的果敢。

2014 年 6 月 5 日，国际顶尖的自然科学期刊《自然》发表了颜宁团队解析出的人源葡萄糖转运蛋白 GLUT1 的结构。诺贝尔化学奖得主布莱恩·克比尔卡将这项成果评价为“伟大的成就”，他对《自然》杂志说：“至今获得的哺乳动物膜蛋白的结构寥寥无几，但要针对人类疾病开发药物，获得人源葡萄糖转运蛋白结构至关重要。”美国国家科学院院士、加州大学洛杉矶分校教授罗纳德·卡巴克表示，学术界对 GLUT1 的结构研究已有半个世纪之久，从某种程度上说，颜宁“战胜了过去 50 年从事其结构研究的所有科学家”。

在凭借“对包括具有里程碑意义的人源葡萄糖转运蛋白 GLUT1 在内的关键膜蛋白的结构生物学研究做出突出贡献”斩获赛克勒国际生物物理奖后，颜宁的成果在主流媒体上引发了轰动。她看上去变成了一个公众人物，虽然她本人并不在意，依旧在微博上我行我素、自由自在。

反倒是好友李一诺看不过千篇一律、枯燥的报道，在自己的微信公众号“奴隶社会”上回忆了两人的友谊。“好像做科学就得绷着、端着、冷冰冰地严肃着，”她在文中写道，“其实科学家也是人，而且越是优秀的科学家越是有意思的人。”在她的眼中，颜宁的天真纯粹一如既往。

此时的李一诺也已经回到国内，她辞去麦肯锡的工作，自愿降薪三分之二成为盖茨基金会北京代表处的首席代表，渴望解决更大的问题。她还在北京创办了一所小学，致力于为孩子们提供个性化的教育。颜宁为她感到骄傲。这么多年过去，两个人同样都还在追求那点儿“与众不同”。在长久的友谊中，她们依旧不断在赢得彼此新的尊重。

无限的秘密

差不多就在颜宁自己的研究取得突破的同一时段，结构生物学领域也正在经历一场巨变。2013 年起，冷冻电子显微镜技术取得了革命性的进步，单颗粒技术使得生物大分子复合体的结构可以直接用冷冻电子显微镜进行解析，并且分辨率达到了空前的原子级。也就是说，结构生物学家们不用再辛辛苦苦地想办法获取结晶了。如果结构生物学是一座山峰，冷冻电子显微镜的进步就像是为其建了索道，让山峰变得更容易攀登。

2015—2017 年，颜宁运用冷冻电子显微镜技术陆续解析出电压门控钠离子通道和钙离子通道的结构（见图 7–4）。这些通道控制着神经之间电信号传递、肌肉收缩等一系列重要的生理活动，从理论上说甚至比葡萄糖转运蛋白更重要，然而颜宁明显感到了幸福感的下降。虽然它们很重要，获得的关注度也很高，但是当游戏变得太简单时，这对一个受好奇心和成就感驱动的玩家来说就没那么好玩了。

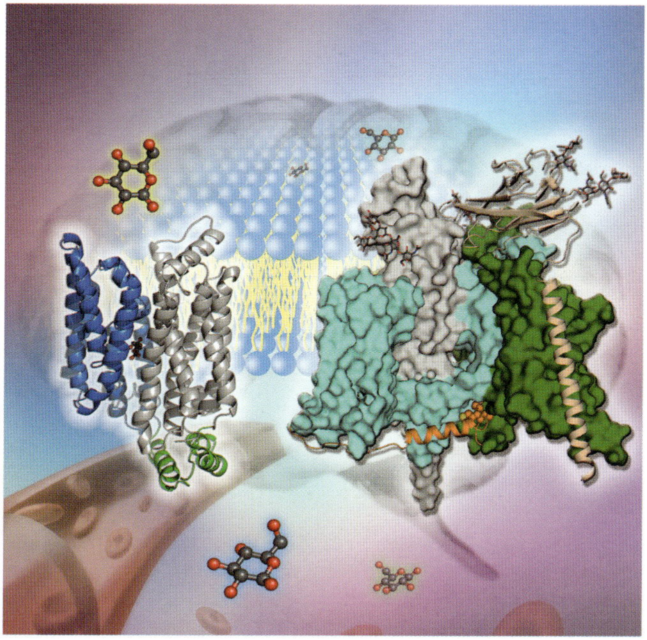

图 7-4　颜宁的代表性研究——钠离子通道（右）和 GLUT1 效果图（左）（颜宁 供图）

2017 年，快要步入不惑之年的颜宁离开了工作 10 年的清华大学，接受了另一所母校普林斯顿大学的邀请。与 10 多年前回国一样，这个决定再次引起轩然大波。不过这次那个曾劝她不要太冒险的同事完全理解她的选择，他们这时已经成为好友，他知道颜宁就是这样的人。与外界的复杂猜想全然无关，颜宁只是想换一个全新的环境突破自己。

“她想要去检验她自己的边界在什么地方，”那位好友在一次采访中说，“这种欲望也是她想要去干科研这类事情的一个很重要的动力。我觉得这是一个很了不起的出发点。”

做生命科学研究久了，颜宁时常会产生一种卑微感。10 岁时，她就曾望着窗外的星空思考人活一世的意义：既然太阳系总有一天会毁灭，不论贫富贤愚，到头来这一身难逃那一日，那人类熙熙攘攘、利来利往所为何来？这个问题，她至今也没有确切的答案。生命的出现让地球上的物质转换突然加速，创造出地球上原本不存在的大量物质，那么生命的本质又是什么？再往下将会怎样？人类创造了文化、艺术，但从生命的角度来讲跟动物并无本质区别。人类发明的机器没有一种能精巧过我们细胞之中的分子机器。与自然造物相比，人类是很卑微的。

但是没有关系，对她而言，真正的乐趣在于理解这个世界，在于亲自发现某种东西，并让它为人所共知。知道这个世界还有无限的秘密等待着被发现，她就可以像初中第一次在生物书上知道“细胞”的那个时刻一样，兴致勃勃地去探索，去不断突破。

这是独属于科学家的奖赏。

（文 / 关琪）

名词解释

1. 葡萄糖是人体能量的主要来源，只有进入细胞才能被人体利用。因为葡萄糖亲水，而细胞膜是疏水的脂质双层结构，所以葡萄糖必须借助细胞膜上的葡萄糖转运蛋白（GLUT）才能进入细胞，实现人体对葡萄糖的摄入。

人体共有 14 种葡萄糖转运蛋白，在这 14 种 GLUT 中，GLUT1、2、3、4 这 4 种蛋白负责最基本的生理功能，研究最广泛，其中 GLUT1 因发现最早而得名。GLUT1 几乎存在于人体每个细胞中，是红细胞和血脑屏障等上皮细胞的主要葡萄糖转运蛋白，对维持血糖浓度的稳定和大脑供能起关键作用，与糖尿病、癌症等疾病密切相关。20 世纪 80 年代起，获取 GLUT1 的三维结构就是结构生物学领域最令人期待的突破之一。

2. 对钠、钙等对人体至关重要的离子来说，细胞膜是不可渗透的，必须通过细胞膜上的跨膜蛋白才能进出细胞。电压门控离子通道就像是细胞膜上供各种离子通过的大门，它们改变细胞膜上的电位，以此调节通道的打开或关闭。调节的同时，细胞膜内外两侧会因离子浓度的改变而产生电信号，与肌肉收缩、神经信号传递等重要的生理活动密切相关。钠离子通道和钙离子通道是诸多国际大制药公司研究的重要靶点，它们的异常会导致痛觉失常、癫痫、心律失常等一系列神经和心血管疾病，其结构受到学术界和制药界的共同关注。

科学精神内核

2000 年，不满 23 岁的颜宁如愿进入普林斯顿大学，师从施一公教授。其后两年，她却意外过上了“暗无天日”的日子：不仅课业辛苦，在最重要的实验环节，颜宁竟然卡住了，同伴们纷纷出成果，她却“什么都做不出来”。

她不断地观察、学习，一次次的失败后从头开始，终于在一个冬夜独立完成了一个极为复杂的实验。导师施一公毫不吝啬地赞美：你终于会做实验了。自那之后，颜宁完全沉浸在实验里，沉迷在那些巧夺天工、精巧无比的分子机器当中，科研成了她生命中不可或缺的东西，很少再有其他事情能带给她同等程度的喜怒哀乐。

这便是一个科学家所能体会到的最纯粹的东西：投入好奇心，科学会回报给你奥妙、成就感和美。这一切驱使、吸引着颜宁朝着一个个分子生物学的重大课题前行，过程自然充满艰辛，但也充满了纯真的愉悦之情。

8

许晨阳

天 才 的 责 任

许晨阳，数学家，普林斯顿大学数学系教授，1981 年生于重庆，被保送进入北京大学数学科学学院，2008 年获得普林斯顿大学数学博士学位。他的主要研究方向为代数几何，运用极小模型纲领解决了“K-稳定性猜想”，被誉为数学界“冉冉升起的新星”。他曾获 2016 年的拉马努金奖，并且是唯一入选庞加莱讲座教席的中国青年数学家。2020 年 11 月，美国数学会将 2021 年度弗兰克·尼尔森·科尔代数奖授予许晨阳，他是第一位获得该奖的中国人。

天赋

TALENT

纯粹

PURITY

求索

QUEST

叛逆

REBELLION

自我怀疑

在美国东北部，繁华喧闹的纽约和历史悠久的费城之间，藏着一个幽静安谧的乡间小城——普林斯顿。小城的东南有一片超过300年历史的建筑群，高大的雪松和城堡的尖顶在此相互掩映，每当夏夜降临，这里就浮现出新鲜柔嫩的生机：晚风和暖，月色清澈，萤火虫盘旋在林间，青年们有的在街头弹唱，有的在路边嬉笑，有的则行色匆匆地为寻求和拓展知识而奔波，这就是美国顶尖学府普林斯顿大学的所在地。

普林斯顿大学的院系、研究所和学生宿舍穿插点缀在城市的街道间，与整座城市融为一体。这里没有现代化的产业基地，也没有琳琅满目的娱乐场所，每当夜幕降临，学生们下了课，小城就也跟着睡去，透出一份闲适宁静。

但在普林斯顿大学夜晚的宁静中，在临着校赛艇队的训练场地、钢铁大王卡内基捐赠的人工湖旁，有一幢楼彻夜灯火通明，与周围格格不入，这就是世界上最负盛名的普林斯顿大学数学系的教研楼。

即使到深夜，这栋楼里也会聚集着一群数学博士，他们秉持着数学系执拗而高傲的传统：来到这世界上最好的数学系，就应当做独创性的研究、取得世界级的突破。这传统肇始于 70 多年前的系主任、俄罗斯人列夫谢茨，他充沛的精力、随意的衣着和工厂事故中留下的木头假手奠定了这栋楼自由肆意、激情飞扬的风格，也开创了普林斯顿大学数学系不重视考试、鼓励创新的教学传统。他的名言直到 30 年后还被数学系的第一位华人系主任、拓扑学大师项武忠引用："普林斯顿大学要把研究生扔到河里，能自己游过去的就是博士。"

2007 年，许晨阳就是这诸多"游泳的研究生"中的一员，博士三年级在读的他在凌晨两点来到铺满松木地板的茶室时，至少有 10 名数学博士坐在那里，他们眉头紧锁，房间里气氛凝重。没有人交谈，除了他们自己，也没人知道他们到底在想什么。许晨阳回到自己的座位上，他研究的问题已经停滞了快一年，毫无进展。这是他人生中第一次开始怀疑自己也许并不适合做数学家。

许晨阳的心气怎么能容许这种事情发生？刚到普林斯顿大学的时候，他对系里的一些教授颇有微词，并非因为那些人对他有所轻慢，而是看到顶尖数学家正从事着一些细枝末节的研究，他气愤于他们平白地浪费着自己的才华。许晨阳认为："普林斯顿大学的教授就要把精力放在最核心、最重要的问题上。"

数学有高下之分，许晨阳在 23 岁就清楚地感受到了这一点。那时他还在北大读研，正在思考如何规划博士学业，每天去图书馆了解代数几何的现代知识。这一天，一本《双有理几何学》吸引了他。这本书是森重文和亚诺什·科拉尔在20世纪80年代合著的作品，讲述高维空间中无法想象的形体经过一种叫作“双有理映射”的变换后变得光滑，以及如何研究这一光滑形体的问题。刚看完了第一章，许晨阳就感到“石破天惊”：在那之前的50年里，双有理几何这一分支一直陷入停滞，数学家们单是知道双有理几何里还有奥妙，却无法向前一步。森重文和科拉尔等人的工作直接吹散了笼罩在整个领域上空的迷雾，露出万顷沃野，等待后来人的开发与探索。

许晨阳内心的激情逐渐鼓胀起来——科拉尔就在他申请读博的普林斯顿大学工作，可以找他做自己的导师。但这个选择是要冒风险的：科拉尔出了名的严厉，从他手下毕业不简单，而且森重文和科拉尔的著作已经出版20年，大发展的时机已过，双有理几何又陷入了一片茫然。但茫然何不是另一种时机呢？森重文和科拉尔魔术般的工作吸引着许晨阳，数学界的重大发现仿佛万丈高楼平地起。他踌躇了几日，最终下定决心：就找科拉尔做自己的导师（见图8-1）。

4年前豪气非凡的决定引领着许晨阳走到了这一步。在教室里和一同求学的博士们痛苦地思考着也不能算是失败，他已经展现了自己在双有理几何领域卓越的天赋，博二时借助领域内的突破证明了导师科拉尔提出的猜想。即使正在思考的问题得不出答案，只要在剩下的一年里转去做一些小的成果，博士研究生毕业是不难的，获得导师的推荐、在顶级研究所谋得一个博士后职位也不难，但他需要看得比硕士在读的时候更长远一些：毕业远不是终点，他得做出好的成果，谋取一个教职，才能安静地做研究，延长自己的数学生命。

想成为数学家，要在顶尖的数学头脑里做到万里挑一，许晨阳能吗？

图 8–1　2009 年，许晨阳（右一）与博士生导师亚诺什·科拉尔（左一）在一起（许晨阳 供图）

一天有 25 个小时

如此自我怀疑对许晨阳来说还是第一次。小时候，他怀疑的主要是外面的世界——教师、制度和权威，他曾经仗着一股年轻气盛的正义劲儿，非得跟他们“对着干”。

许晨阳读中学时老是挨骂，关键问题就出在搬家上，他本来住得离学校挺远的，上学要坐公交车，父亲为了他上学方便，搬到离学校近了些的地方，骑车 25 分钟就能赶到教室。离得近了，当然要好好利用优势尽量睡好，骑车快慢自如，起床晚的话骑快点儿就是了。种种因素叠加，许晨阳反倒常常迟到。

当他急匆匆地骑车拐进同心路，骑过居民楼、饺子馆、火锅店和棋牌室，进入成都九中的大门，穿过两排高大的银杏树停在主教学楼前的时候，早自习往往已经开始。九中对纪律抓得很严，那时老师总因为这一点责难许晨阳，但他不知悔改，换句话说，他觉得迟到基本上是小事，比起对老师俯首帖耳，他更相信自己的判断。

成都九中现在已改名为树德中学，在知名校友的榜单上，从全国首富、中科院院士、四川省原副省长到北京电影制片厂厂长，遍布各行各业。它地处成都市中心，是响当当的老牌名校，能考上这里的学生大多是骄傲中伴着庆幸，成为他们中的一员意味着大概率能考上不错的大学，有一份体面的工作，未来不用为生活奔波操劳。但许晨阳显然不是图平静安稳的学生，他不愿意妥协，总要坚守自己的价值观，甚至会在课堂上干脆地质问老师："你为什么总是偏向女生？"

社会生活的规范并不能管束住许晨阳，中学时他跟人打架，还抽烟，跟父亲吵架吵到离家出走。他长大后回想起这些事情，觉得挺幼稚的，但小时候这样做全都出于真情实感。还好他喜欢读书，考高分不太费力，老师们对于他的越轨行为尚可容忍。

高中三年从头到尾，他都稳稳当当地处在能考上清华北大的名次里，他甚至从来不听理科的课，至于数学课，他干脆连作业都不写，但考试还是几乎次次满分，搞得老师觉得影响太坏，免了他的数学课代表职务。

许晨阳爱好广泛，那些不用写的作业和一下子就能写完的作业给他省下了时间。他知道家附近每家书店的位置，沿着街七拐八拐，就能钻到哲学和艺术的书架前，阅读那些难懂但让人肃然起敬的哲学著作。十几年后，他还会回想起少年时那种激动的感觉："就像与整个人类的知识相连接。"他常在书店看书到很晚，还会把所有看得上的书都买回家。多年之后，他的这种爱好成了他过人天赋的又一爆炸性佐证。高中老师在上课时会调侃学生们："你们上课看课外书看的都是什么？人家许晨阳看的是黑格尔的著作！"

看了黑格尔的很多著作并没能让许晨阳找到人生的方向，反而让他多少感到有些迷茫，他也像个普通高中男生那样打篮球、踢足球，但他想要更多，想深入自己在哲学中窥见一斑的那个抽象世界，却没人能和他同行。他也上数学竞赛班——所有数学好的学生都会去，许晨阳也就试着听听，他能做出来那些题，它们有点儿意思，但不怎么吸引人。觉得无聊的时候，他就逃课去踢球。

当许晨阳后来再回想起中学时那种漫无目的的寻找、缺乏同路人的孤独时，他觉得那种轻飘飘的感觉不过是青春期普遍存在的躁动情绪的一部分。但不得不承认，他在普林斯顿大学研究数学，即使思考已经陷入困顿多时，即使昼伏夜出、长年累月地避免社交，他仍然感到充实且有动力。

是对数学的爱给了他生活的方向。

至少他的同学们也跟他一样苦苦挣扎着，他们在思考数学问题的间隙也讨论过这个问题：为什么数学系的人会昼伏夜出？有一部分原因是逃避社交——这当然不过是一种托词，没人能跟正在思考数学的人社交，他们的灵魂不在人间，而在数学的殿堂里。要从审美的角度说，大概是因为数学太简洁了，当数学家看到人类，想起他们带来的“麻烦”时，就忍不住想躲起来。另一部分源自数学的自由，自由的思考挣脱了时间和空间的束缚，让他们忘记饥饿和疲劳，晚饭就在茶歇处吃一块冷的三明治，到了该休息的时候也不舍得将思考的线头就此截断，于是总在拖拉中打乱了作息。“数学系的学生一天有 25 个小时，”许晨阳和他的同学们最终得出了这样的结论，“所以每个月里有一半时间早睡早起，另一半时间昼伏夜出。”

那些与数学相依为命的夜晚并没有很快地给许晨阳带来好运，在毫无头绪的困顿中，数学对于他渐渐变得像一份工作：他下午到教研楼，思考到凌晨，度过早已习惯的、没有进展的一天，直到早上 5 点校游泳馆开门，他游完泳，让全身的肌肉都放松下来，趁整个城市还在睡梦中时独自逃回房间，推开门倒头就睡。

许晨阳这样挨过了一年，然后到了博四，面临毕业的压力，为了有足够的论文拿到学位，他转而去做一些容易出成果的研究。尽管创造性较弱，但也不轻松，同样要花上很多个不眠夜同问题的细节纠缠，最后得到的却是一些早有预感的结论。

许晨阳虽然拿到了博士学位，但那种面对重大发现时的激动和兴奋消失了，他感到愤怒，就跟 4 年前刚到学校时对那些陷入舒适区的教授的愤怒一样，他对自己做出的无关紧要的结果嗤之以鼻。在毕业前夕，许晨阳给父亲打电话，告诉他不要来美国，因为自己肯定不会参加毕业典礼，他甚至连学位服都没有领。博士毕业论文答辩的第二天，他飞去了欧洲，旁听了一些数学会议，更多的是散心，他想暂时远离在普林斯顿大学感受到的“挫败”。

假期过后，许晨阳在麻省理工学院找到了博士后的工作。他其实还买了金融类的书带回家，想着实在不行就转行，金融界总是很欢迎学数学出身的人。但他自始至终没翻开那些书——一页都没看，他的心受到责任的煎熬："对我个人来讲，我认为自己应负的责任就是要做好的、纯粹的、对得起自己的数学。"

在读博士后的时候，许晨阳常常与另一位年轻的数学家通电话，他的名字叫刘若川，是许晨阳本科时的同学、硕士时的同门。他俩本科时曾一起讨论代数几何中的问题，毕业后去了不同的学校、研究不同的方向，联系渐渐减少，没想到4年后，做数学的苦恼将他们重新连接。每天，当许晨阳下午赶往研究所时，远在法国的刘若川时间已近凌晨，他们在路上通电话，谈及博士生涯中如影随形的挫败，以及自己应对它们的方法。他们互相鼓励，相信彼此都能渡过难关——两人对数学抱有几乎同等深厚的爱，用刘若川的话说："数学不抛弃我，我就一定不抛弃数学。"

那些漫长的跨国电话鼓励了这两名痛苦的博士后，协助他们重新回归数学事业。许晨阳给自己定下的目标是最多读两个博士后（这可能是两年，也可能是十年），再找不到教职就放弃数学。而刘若川的经历更坎坷，在法国的博士后工作结束后，他去了加拿大，在找到教职之前还辗转去美国工作了一段时间。

在许晨阳博士后生涯的第一年，他把自打博二起就困扰着他的问题简化到了无法再推动的地步，和从前的导师科拉尔约了时间，希望能借助他的智慧取得突破。科拉尔听完许晨阳的叙述后稍加思考就肯定地告诉他："你的猜想是错的，这个问题不可能做出来。"许晨阳由此终于从博士阶段的梦魇中醒转过来。博士后生涯给了他全新的机会，他需要重新出发，在麻省理工学院再一次证明自己。

数学系在麻省理工学院的东南部，位于以老校长命名的草地公园基里安庭院的东侧，紧邻横贯剑桥市的查尔斯河。这是一处稳重古朴的三层建筑，教室是温馨的暖色调，靠讲台的那一侧是半圆形，被三块黑板围着。麻省理工学院占据了马萨诸塞州剑桥市的中心，与哈佛大学并肩而立。在这里，许晨阳开始授课，这是博士后的责任之一，教学让他不得不面对研究领域之外的知识，其中有一些在他看来相当基础。他还要为学生答疑、参与学校的日常工作，这些让他不得不与人交往。许晨阳没法再拥有“25 个小时”的一天，他早睡早起，从思考的泥潭中被拔了出来。许晨阳说，这让他成为“学术上的成年人”。

他开始花更多的时间学习数学领域的其他知识，也反思自己的学术生涯是不是太过钻牛角尖，是不是选择了错误的方向、偏离了数学研究的主流，导致工作陷入了长久的停顿。

许晨阳回到了博二时思考过的领域——极小模型纲领在高维上的应用，在那里，他第一次做出漂亮的结果。这一领域有三大支柱问题，其中有限生成性和充沛猜想问题尚未得到解决，直觉告诉许晨阳，下一个突破很可能就在此间发生，现在需要的只是更新的、跨领域的数学工具。

漂亮公式

2011 年，在第一份博士后工作结束后，许晨阳开辟了新的研究领域——微分几何中的流形度量问题，该领域中一个重要的猜想“K-稳定性猜想”来自许晨阳的硕士生导师——中国科学院院士、美国国家科学院院士、北大原副校长田刚。

许晨阳本科毕业那年，田刚才回到北大不久。在基础薄弱的中国数学界，这名麻省理工学院教授、菲尔兹奖首位华人得主丘成桐的弟子代表着国际数学界的顶尖水平，以及中国数学研究发展的新可能。人们对他的归来寄予厚望。赶巧的是，田刚院士回国时，北大数学科学学院恰巧迎来了十几年来最聪明、最勤奋的一批学生，首先证明他们能力的就是捷报频传的国际数学奥林匹克竞赛。

远远看上去，国际数学奥林匹克竞赛的赛场就像奥林匹克运动会上的某个竞技项目：国旗、教练、选手、统一的比赛服，来自近百个国家的数百名选手坐在体育场内。与竞技体育最大的区别是，数学奥林匹克竞赛的选手都是高中生，没有健美的身材，甚至大多戴着眼镜、举止拘束。选手们被分在 6 块考场，身边坐着来自不同国家、说不同语言、有着不同肤色的对手，眼前的书桌上铺着的卷纸只有 3 道题，而给他们的答题时间足足 4.5 个小时。这是世界上最难的数学考试之一——它集中了全球数学水平最高的高中生，持续两天，每道题 7 分，满分 42 分，拿到十几分就能进入参赛选手的前 50%，并得到组委会颁发的奖牌。1999—2002 年，中国在国际数学奥林匹克竞赛的赛场上连夺四冠，其中 2000 年以来，三届比赛中有四人获得满分，人们开始自豪地讨论奥数，仿佛它是奥运会上的跳水和乒乓球项目，中国的队员在赛前就已经立于不败之地。

1999 年冬，刘若川在罗马尼亚举办的国际数学奥林匹克竞赛中拿下了 35

分，排名中国第二，获得了金牌，被保送进入北大。许晨阳原本也有机会站上这个赛场——假如他没因为觉得考试无聊就翘了国家集训队的课程，跑去首师大的校园里溜达。

1998 年秋，在把别人用来听课和做作业的时间都用来研究数学竞赛之后，许晨阳在当年四川省的高中数学联赛上考了第七名，进入了北大数学冬令营。这对他来讲是个意外之喜，进了冬令营就算是拿到了保送北大的资格，原本紧张地等待着高考审判、刚上高三的许晨阳一下子解放了。在北大数学冬令营，许晨阳这辈子第一次见到这么多和自己差不多聪明的同龄人，也是第一次听北大教授现场讲课。他受了很大鼓舞，在从全国选拔的 130 多个数学天才少年里考进了前 20，进了国家集训队。

但他没想到，国家队集训就是关在首都师范大学里天天考试。他们 30 个人每天过着宿舍—教室—食堂三点一线的生活，奇数日整天上课、偶数日整天考试。许晨阳天天对着首都师范大学的白墙和白色电教讲台，向往自由的心又萌动起来。他憋得难受，想着反正也被保送北大了，就偷偷翘课跑出去，在校园里溜达。

但还有相当一部分学生在国家集训队里做题做得兴致高昂，比如许晨阳的北大学弟恽之玮，2000 年参加国际数学奥林匹克竞赛以满分拿下金牌，还有肖梁、袁新意……那是数学人才辈出的几年。这些学生打一开始进入大学，教授们就意识到，他们很可能会成为中国数学界未来的顶梁柱。学生们也没让这希望落空，班上有十几人从北大毕业后前往世界各个顶级数学系生根发芽，在 21 世纪前 10 年先后取得重要成果，成为一批具有国际影响力的数学家。外界称他们为“北大数学黄金一代”。

假如你坐地铁前往北大，一出站，你就会被基础科学的殿堂包围：在中关村北大街东侧，隔着成府路相望的是物理学院和化学与分子工程学院；进了校门，右手是生命科学学院，左手是数学科学学院。基础科学是北大学科建设最自豪的成果，每年夏天，从各学科国家集训队和冬令营选拔的保送生大多会聚齐于此，其中，北大数学科学学院又是各基础科学院系里优势最大的，“北大数学黄金一代”的每名成员在这里都是一个传奇。

在知乎上经常能看到北大数学科学学院的学生抱怨：某老师出卷太难，期中考平均 30 多分，几乎人人都挂科。但对恽之玮来说并不存在配得上“难”字的考试，他上学时对自己的要求是“如果我学完一门课还有习题做不出来，那说明这门课没有学好，应该重新学一遍”。把课全都“学明白了”的恽之玮从大一开始，几乎所有考试都考满分，他进而觉得学本科生的东西不过瘾，大一就跑去学研究生的抽象代数，因为没选到课，自己从头到尾看了一遍教材，就把书后习题做了出来。

许晨阳的经历有几分相似，他三年间学完了本科所有课程，提前一年从北大数学科学学院毕业。他没法满足于课堂上学到的知识，不仅因为它们学起来毫无挑战，而且因为中国数学界历来几何强于代数，当年北大数学科学学院的顶尖教授几乎都集中在分析和拓扑领域，许晨阳不感兴趣。虽然跟着最好的教授在拓扑上下了很大功夫，但他更欣赏代数推理层层递进的严谨性。课堂上学不到的，他靠自己读书来学，沉浸在图书馆中，他找到了真正适合自己的学科——代数几何。碰巧在许晨阳本科临近毕业时，国际微分几何顶尖学者田刚回归母校北大，他此时正在拓展研究方向，目标正是代数几何。

冉冉升起的新星与学术界的中流砥柱一拍即合，许晨阳成了田刚回国后的第一届研究生之一。他在代数几何上展现了极高的天赋，并拿着田刚的推荐信申请到了普林斯顿大学，跟随亚诺什·科拉尔读博。

自那以后，8 年过去了，许晨阳再一次从田刚院士那里获得了灵感。在一次与北大 2000 届学弟李驰的合作中，许晨阳使用极小模型纲领的工具与李驰所擅长的微分几何工具相配合，解决了 K-稳定性领域的一个小问题。许晨阳由此意识到，代数几何中的极小模型纲领与微分几何中的 K-稳定性之间存在深刻的联系，他的目光投向了田刚在 1997 年提出的“K-稳定性猜想”。

关注了几个月后，许晨阳的机会在德国的会议上降临。

故事发生在奥博沃尔法赫数学研究所，一处在数学传记《黎曼博士的零点》中被描述为“对数学研究而言条件堪称奢侈”的好地方，它位于德国中部的黑森林，在地图的标记上，代表省级公路的纤细白线被整片的绿色包裹，数学研究所窗外就是无边无际的密林。研究所 24 小时供应餐食，除了数学，没有任何娱乐项目，这里的小村庄只有几户人家，要想去超市购物，得翻过一座山去远方的山谷。唯一的社交活动是研究所里每周召开的数学会议，标着参会者姓名的布袋被随机摆放在桌子上，保证数学家们每次都跟陌生人坐在一起，便于聆听新的意见。

许晨阳再次遇见李驰正是在这次会议之后。李驰也是许晨阳的同门，在前往普林斯顿大学读博前，他师从田刚取得了硕士和博士学位，研究领域正是田刚做博士时与导师丘成桐共同提出的“K-稳定性猜想”，这一猜想还有一位共同提出者——微分几何大师西蒙·唐纳森。

再次遇见许晨阳时，李驰刚读完西蒙·唐纳森的新论文，文中用双有理几何的工具改变代数簇的探测构型。这一操作让李驰想起极小模型纲领，他便问许晨阳：用极小模型纲领的工具能否做同样的事情？

许晨阳告诉李驰，他和日本数学家尾高悠志讨论过这事，但他们没能成功，因为不了解其中的昭人不变量（Futaki invariant, 由日本数学家二木昭人提出）在极小模型纲领中如何演化。昭人不变量恰是李驰攻读博士学位期间的重点研究对象，了解到了方向，他当晚就进行了计算。

计算结果令李驰震惊：大量繁杂难懂的公式化简下来，等号右边只有三项，其中一项还配出了平方。他没有第一时间告诉许晨阳，第二天，他在火车上给了这项公式一个严格的证明——公式是对的。李驰心跳加速，仿佛整个世界都浓缩在公式之中，他赶紧把结果发给许晨阳。许晨阳感到胃痉挛——长期等待的进展终于出现在他面前，他冷静下来，再一次核对细节——没有问题。许晨阳拿到这一结果后，又用极小模型纲领的工具将这一公式从特殊情况推广到一般适用——其中展现的对数学技巧的精密操控让李驰相当惊讶，这个发现极大地推动了“K-稳定性猜想”的证明，为许晨阳获得了巨大的荣誉和学界的认可（见图 8-2）。

不过比起现实的荣誉和利益，这次成功更重要的是鼓舞了许晨阳，他由此打开了发现的大门，开启了自己辉煌的学术生涯。正如他在获得未来科学大奖后接受采访时所说：“日本数学家森重文曾说：我想每位数学家都有做不出新东西的恐惧。我当然也有这样的恐惧。我觉得每个数学家，包括科学家——每

图 8-2　2020 年 AIM K-稳定性会议参加者，大部分是许晨阳的合作者，左三是李驰（许晨阳 供图）

个从事创造性劳动的人，都有这种恐惧。但比这更重要的是，人要克服对未知的恐惧。”

“武林大会”

2012 年，助理教授许晨阳已经在犹他大学工作了一年，他身上不再有职业压力——大学教职是终身职位，即使他从此再没有学术上的产出，他仍能一直保有这份工作。但对数学的爱一直驱使着许晨阳，他希望能取得更多、更好的成果。

他开始深入思考微分几何、代数几何与复几何中关系密切的三个领域：K-稳定性、“卡拉比猜想”和“卡勒-爱因斯坦度量”。恰在此时，昔日的硕士生导师田刚联系许晨阳，又一次带来了好消息。

这一年，北京国际数学研究中心成立，牵头这一项目的正是后来成为中心主任的田刚。在他的构想中，北京国际数学研究中心在制度建设上应该向国际一流的大学和研究所看齐，通过提供宽松的环境和良好的氛围，吸引身居海外的中国数学家。研究中心成立时，作为昔日的学生和如今的新星，许晨阳理所当然地成为田刚招募的第一位数学家。许晨阳爽快地答应了，成为中心的第一位副教授：可以报效祖国，能换个新环境，还有更好的资源支持，北京国际数学研究中心是他心目中的理想去处。

许晨阳在回国前向认识的朋友发了一封邮件：“我本周已从犹他大学辞职，并将全职回国。”朋友们惊讶于他的决定，称他为“先驱者”。北京国际数学研究中心的成立与许晨阳的归国极大地激励了海外的中国数学家们，很快，“北大数学黄金一代”中不少数学家（如刘若川和刘毅）也相继加入数学研究中心，这里很快成为一个相当活跃的数学研究阵地。

许晨阳的研究生涯也从此进入了快车道，他涉猎广泛，同时关注多个研究领域的优势开始显现，在一系列前沿数学问题上做出了重大贡献，并在国际数学杂志上发表了 24 篇论文，其中有 6 篇发表在四大国际数学期刊上，这 6 篇文章解决的都是数学界前沿的、核心的问题，每篇都足够让许晨阳登上北京大学的官网首页（见图 8-3）。

图 8-3　2017 年，许晨阳出席“数字的力量”报告会，右一是其硕士导师田刚（许晨阳供图）

许晨阳一直关心的 K-稳定性问题也终于在 2015 年出现转机，在微分几何领域数学工具出现一系列新发展后，许晨阳发现基于 K-稳定性构造出的 K-模空间或许在研究中大有可为，而这一发现一经证实，或许将比肩他求学时在北大图书馆看到的《双有理几何学》，成为数学界一个新的细分研究领域。作为教授，许晨阳也贡献颇丰，回国的几年间不但招收了多名研究生和博士后，也为学生们带去了他的理念和方法，他常告诫学生，自学和自主寻找问题才是研究生最重要的技能。

2016 年，许晨阳持续的耕耘与产出得到了回报：他获得了数学界奖励青年研究者的大奖——拉马努金奖。而他的获奖理由除了他在双有理几何领域的突出贡献，还包括他回国对中国代数几何领域发展做出的重大推动。

他作为“先驱者”的选择被时间证明是正确的，遇到在是否回国这一问题上举棋不定的青年学者时，他会劝慰对方：“回到祖国，不仅不会影响自己的研究，很多时候还能做出更好的、更有创造性的成果。而这种在自己的祖国做出优秀工作的成就感，是其他任何感觉都不能取代的。”

2018 年，许晨阳获得了代表数学家近期取得了重大成就的最重要的机会——在国际数学家大会上做报告。

在里约热内卢的西南郊，风景秀丽的豪华度假区巴拉达蒂茹卡，坐落着整个拉丁美洲最大的展览中心——里约中心。这个举办过地球高峰会和奥运会、做过世界杯转播中心的世界级会场在 2018 年 8 月迎来了 3 000 余名来自 114 个国家和地区的全球最优秀的数学家，他们在此参加数学界的盛会——国际数学家大会。

有人将国际数学家大会比作数学界的“武林大会”，是世界顶尖数学家们交流成果的场所，也是颁发数学界四项主要荣誉之处，其中就包括“数学界的诺贝尔奖”——菲尔兹奖。

“武林大会”每四年举办一次，每次时长一周左右，会议设有多个主会场和数十个分会场，每个会场都有近年来最出色的数学家报告最艰深的问题。会场外则聚集着一些民间科学家，他们向来往的学者、学生和志愿者递交自己的论文，指望得到主流承认而一夜成名。受导师指派参会学习的博士生们往往在头昏脑涨中度过一周，因为报告太过前沿、晦涩难懂。

只有少数国际数学联盟指定的学者能在国际数学家大会上发言，他们或做

45 分钟的分会报告，或做 1 小时的全会报告。2018 年，在巴西，有 5 位中国大陆数学家和 7 位大陆赴美数学家做了 45 分钟分会报告，但无一人做全会报告。在这 12 人中，只有一人不满 40 岁（这代表了他尚有取得菲尔兹奖的机会）又在中国大陆任教，他就是许晨阳。

做报告的 4 名中国籍青年学者中，有 3 名都是“北大数学黄金一代”的成员，另外两人是许晨阳的学弟——恽之玮和张伟。

2018 年的国际数学家大会上，最耀眼的是德国数学天才、菲尔兹奖近百年历史上第四年轻的得主彼得·朔尔策。他的研究成果名为“p 进类完美空间理论”，是构筑数学界的“大一统理论”——“朗兰兹纲领”的重要基石。朔尔策自 16 岁起便连续 4 年代表德国参加国际数学奥林匹克竞赛，获得了三枚金牌和一枚银牌，其中一次满分。20 岁时，朔尔策考入德国波恩大学，只用了一年半时间就读完本科，又用了一年时间取得硕士学位，而让他在两年后（24 岁）取得博士学位又同时取得了德国最高等级的教授职位的，正是他的获奖成果——“p 进类完美空间理论”。在 2018 年的国际数学家大会上，朔尔策获得了最高级别的礼遇——受邀做一小时的全会报告。

纵观“文革”后中国大陆的数学史，唯一在基础数学领域做过全会报告的是许晨阳的硕士生导师、中国科学院院士田刚，那是在 2002 年北京召开的国际数学家大会上，作为东道主，中国数学界获得了前所未有的报告名额。受制于人才、时间和语言，中国尚未成为一个数学强国。

2018 年，在研究再一次陷入停滞后，许晨阳最终决定换个环境，全职进入麻省理工学院任教。

在离开时，他表达了对北大的不舍，但更多的是无奈：若想突破数学上的困境，与水平相近的数学家沟通是常用之道，而中国的一流数学家数量仍然太少；作为北京国际数学研究中心的顶尖教授，许晨阳承担了大量教学工作，当他需要在数学上投入更多精力时，他也为此感到苦恼。

对数学的责任重新开始召唤他，他化用《维特根斯坦传》中的理念如此表达："不是每个人都有数学天赋，如果数学天赋降临到某些人身上，他就有责任去推动这个事业的发展。"

他的勤奋、他对于数学纯粹的热爱推动他放弃中心带头人的名望，全身心地重新投入数学研究。许晨阳对自己的数学研究生涯有更高的期待：如同"龟兔赛跑"的故事，最终能做出最好结果的数学家往往不是"兔子"，而是走得更慢的"乌龟"。他认为"除了一些极少数超群的大脑，最后能决定他走得多远的还是专注和坚持"。

带着这样的信念，许晨阳重新投入数学研究的海洋，他将为数学继续奋斗，这是一项高尚的、自由的职业，如同他获得未来科学大奖后在致辞中所说："沉浸在数学研究中的数学家们只需要服从数学世界的客观法则。这里没有等级高下，没有阶层之分，在对未知的探索前人人平等，每个人都拥有绝对的自由。每一个数学家愿意孜孜不倦研究数学的最主要动力不是别的，是我们享受那种日复一日，能够超脱现实生活，去聆听和发现世界运行规律的时刻。"

（文 / 初子靖）

名词解释

1. K-稳定性：K-稳定性的概念由田刚在 1996 年引进，用来刻画 Fano 流形上“卡勒-爱因斯坦度量”的存在性。2002 年，微分几何大师西蒙·唐纳森用代数方法给出 K-稳定性的另一个定义。许晨阳与李驰合作，通过系统引入极小模型纲领为工具，完全证明了田刚的猜想。

2.“卡拉比猜想”：为探索高维空间，意大利数学家卡拉比于 1954 年提出了“卡拉比猜想”，即复杂的高维空间由多个简单的多维空间“黏”在一起，也就意味着高维空间可通过一些简单的几何模型拼装得到。1975 年，数学家丘成桐等人攻克了陈类为负和零的“卡拉比猜想”，但只有第一陈类为正的问题得以解决才能证实“卡勒-爱因斯坦度量”。

3.“卡勒-爱因斯坦度量”：为解释万有引力的本质，爱因斯坦于 1916 年创立广义相对论，并试图用一个二阶非线性偏微分方程组来度量引力场，即著名的“卡勒-爱因斯坦度量”。后来的物理学家们进一步发展出弦理论，认为宇宙是十维时空，但这些复杂的高维空间必须是“卡勒-爱因斯坦度量”。

4.“朗兰兹纲领”：1967 年，年仅 30 岁的加拿大数学家罗伯特·朗兰兹在给美国数学家安德烈·韦伊的一封信中提出了一组意义深远的猜想，指出三个相对独立发展的数学分支（数论、代数几何和群表示论）实际上是密切相关的。这些猜想后演变成“朗兰兹纲领”，被称为数学界的“大统一理论”，在过去几十年里对数学的发展产生了极大的影响。

科学精神内核

比拥有天赋更难的是顺利地兑现它。许晨阳在成都读中学时便是学校的天才级人物，凭借数学竞赛成绩被保送进入北京大学。读完硕士，他顺利进入世界数学殿堂——普林斯顿大学，攻读博士学位。但往后的路该怎么走？如何成为出色的数学家？他一度陷入了彷徨。

天赋并不意味着一切，在普林斯顿大学的一个个夜晚，许晨阳和同学们一道在数学的旷野中寻找着前行的方向。在后来的困顿中，他甚至给自己定下时限：最多读两个博士后，花两年，或者也许十年，如果无法取得成绩、找到教职就放弃数学研究。

2011 年，在德国美丽幽静的黑森林地区，灵感迸发的时刻终于到来：许晨阳和师弟李驰一道，运用极小模型纲领，针对“K−稳定性猜想”得到了一个美妙的公式，验证无误的那一刻，许晨阳激动得几乎胃痉挛。他的发现揭示了复几何与代数几何两个不同领域的深刻联系，并且为他赢得了诸多荣誉。不过比起现实的荣誉和利益，这次成功更重要的意义是鼓舞了许晨阳，他由此开启了辉煌的学术生涯。

HE

9

丽莎·兰道尔

恐龙灭绝、歌剧和粒子物理

丽莎·兰道尔（Lisa Randall），1962 年 6 月生于美国纽约，哈佛大学教授，美国理论物理学家，畅销书作家，2007 年被美国《时代周刊》评选为“全球 100 位最有影响力人物”之一。她是世界粒子物理学和宇宙学领域的著名科学家，多年来潜心研究引力、时空的额外维度、膜宇宙模型和弦理论，主要代表作有《弯曲的旅行：揭开隐藏着的宇宙维度之谜》《叩响天堂之门》《暗物质与恐龙》等。

天才

GENIUS

兴趣

INTEREST

跨界

CROSSOVER

超级宇宙的秘密

一块磁铁可以轻易地吸起一根回形针，而回形针不会被地球引力拽回地面。如果不是理论物理学家，这只是一个众人熟视无睹的现象。但在物理学当中，它指向一个令人费解的问题：为什么相比其他三种基本力（电磁力、强核力、弱核力），引力如此微弱？

针对这个困扰物理学界许久的问题，1999 年，理论物理学家丽莎·兰道尔提出了另一种令人惊讶的猜测：引力也可能在额外维度里生成，作用力比它在地球上强大得多，而我们的宇宙只是接收了引力的一部分。

物理学家有一个被称为“额外维度”的假设：或许我们生活在一张悬浮在高维时空的巨大的膜上，根据这个膜理论，我们通常所称的宇宙可能嵌入一个更大的五维空间，类似于一种超级宇宙；与我们熟知的世界并存的可能是一个新宇宙，也可能是好几个，每个宇宙都是在更广阔的五维空间里的独立的四维气泡。

但是丽莎在很多年前就意识到这个假设中存在一个矛盾：如果在我们可见的那些维度之外至少还存在一个额外维度，那么在其他维度都可见的情况下，如何解释额外的那个维度真实存在却又不可见呢？

物理学家们之前对额外维度不可见的解释通常是因为它们无限小。简单来说，我们一般认为的二维是一个平面，是由两条直线状的一维组成的，也就是通常说的 x 轴和 y 轴。如果把 x 轴的直线紧化，它就会变成一个首尾相连的圈，从 y 轴来看，这些被紧化、叠加的圈就好像组成了一根水管，这时，x 轴的一维存在会被忽略。

但丽莎提出，隐藏维度不可见的另一个原因可能是它们无限大，同样超过现有测量技术的能力范围，而且会有类似哈哈镜的扭曲效果。额外维度一定有它们隐藏的方式，而地球引力的大小在那些额外维度里的变化非常大。也就是说，你原来以为非常重的东西，其实可能非常轻。

1999 年，37 岁的丽莎已经是普林斯顿大学的教授。每逢暑假，她通常会外出旅游，但这一年正好待在家里。当时她正在进行一个实验，在实验中，她发现一些粒子莫名其妙地消失了，无论如何也找不到合理的解释。这时丽莎突然冒出一个想法：如果从额外维度的角度入手，会导出怎样的答案呢？这些粒子会不会跑到另外的维度去了？

巧的是，当时和她一起做研究的博士后拉曼 · 桑德拉姆（Raman Sundrum）也在思考类似的问题，他们干脆坐在一起开会，互相取长补短。丽莎和拉曼先是在研究过程中发现了一个意外冒出来的几何空间，在诠释它可能代表的意义时，他们意识到那是一个“令人惊异的空间度量标准”，这个度量标准可以给予五维空间独特的几何属性。

这个在意外中诞生的模型后来被称为“兰道尔-桑德拉姆模型”，是丽莎·兰道尔最为知名的成就之一。但是最开始的时候，她和拉曼都不确定这个研究会走向怎样的结果，只能继续研究和讨论，之后一口气发表了三篇论文，整个过程持续了四五个月——快得惊人。

丽莎意识到他们新发现的模型具有重要的意义，但让她沮丧的是，并不是所有人都立刻意识到了它的重要性。“当时的确还有一些我们没有弄明白的地方，也需要继续研究，但在有些人看来，那些让人困惑的地方就是错的，这个想法也并非原创……”但丽莎很有把握，“其实只是他们没搞懂。”

幸运的是，加州理工学院的理论物理学家马克·维斯（Mark Wise）认为这的确是一个和以往全然不同的、原创的模型，他的这番肯定给了丽莎和拉曼很多支持。

很快，更多的物理学家认识到了“兰道尔-桑德拉姆模型”的价值。1999年至今，丽莎的论文被引用超过万次，她成为全球被引用文献次数最多的理论物理学家之一。在那之后，丽莎几乎每年都会获得国际重量级的物理奖项，其中包括由美国物理学会2007年颁发的朱利叶斯·利林费尔德奖、2012年的安德鲁·格门特奖以及2019年的奥斯卡·克莱因奖章。

丽莎的发现后来被认为是理论物理学近20年来极具影响力的成果之一，而她本人也因为传奇的经历成为万千美国人眼中的科学偶像。

优等生

丽莎在纽约皇后区长大。她的妈妈原本是一个小学教师，为了照顾三个女儿，辞职在家担任全职主妇。她的爸爸是一个销售员，有一点儿工程师的背景，还差点儿成为一个职业棒球手。简而言之，她的家庭并没有学术上的传承，丽莎是他们家的第一个博士。不过妹妹后来也走上了学术道路，现在在佐治亚理工学院担任计算机科学教授。

在高中阶段，丽莎总觉得自己与周边的社区氛围有些格格不入。她就读的史蒂文森高中位于曼哈顿，她特别喜欢在那一带溜达，因为可以走出原来的地方，和许多有创意的同学待在一起，一切都变得更愉快了。

丽莎的妈妈很看好女儿的天赋，她知道丽莎是个出色的学生，也认为女儿很可能会成为一个科学家。不过，她并没有特别明确地告诉丽莎，对她将来的职业有什么期待，而是给了她很大的自由。

丽莎所在的史蒂文森高中在纽约州的排名靠前，以数学和科学见长，曾有多名诺贝尔奖获得者及各领域的知名人士在此就读。在丽莎就读期间，学校正好遇上了一系列经费危机，做了许多改革实验，却差点儿被折腾到关门。去高中报到的第一天，丽莎就遇上了教师搞罢工游行，她转了一圈就回家了。

“就学习本身来说，我们没有在学校学到太多东西。但我非常喜欢学习，也非常努力。”她几乎把所有时间都花在了学习上，不怎么参加运动，也不去参加戏剧排练之类的活动，“对一个孩子来说，可能少了些平衡。”

作为人生的关键节点，丽莎至今记得 17 岁那年的一次评奖。

那是“西屋科学天才奖”的颁奖现场，这个被誉为“美国中学生诺贝尔奖”的比赛旨在发现高中生中的科技人才，全美每届有 40 人入围决赛，最终获胜者有 10 人。丽莎参加的是数学项目，除了她，学校还有两个同学也进入了决赛。获奖者的名字一个个被宣布，十、九、八……同学相继获奖，但一直没有她的名字，丽莎的心开始一个劲儿地往下沉，她想：“我大概是唯一一个拿不到奖的人了。”

直到她听到“并列一等奖获奖者：丽莎·兰道尔”，她才意识到原来是以倒序的方式宣布得奖者的。赛后，她还获得了一个其他获奖者没有的特别奖励——受邀参观政府大楼。

那时的丽莎是个很有天赋的学生，数学成绩突出，其他功课的成绩也都不错，但她仍然有不自信的时候，她说：“后来走上研究之路，这个奖项多少给了我信心。”

高中毕业后，她顺利进入哈佛大学就读，修了“跳级学分”，用三年时间就完成了本科学业。一个原因在于哈佛大学的本科学费高昂，而从研究生开始就可以学费全免，于是丽莎想早一年毕业就可以早一年独立。

在攻读研究生学位期间，她的周围有非常多聪明出色的同学，丽莎说：“研究的氛围挺紧张的，但是也让人灵感无限。每个人都深受鼓励，想尽心尽力做好自己的研究。”得益于这种氛围，丽莎逐渐明确了自己想要从事的方向，

在哈佛大学取得博士学位后，丽莎先后在加州大学伯克利分校和劳伦斯伯克利国家实验室进行了四年的博士后研究工作。1991 年，她加入麻省理工学院担任助理教授，1995 年晋升为副教授，三年后转到普林斯顿大学。2001 年

开始，她在哈佛大学执教，并且被授予“终身教授”职位。她的晋升速度在全美都属罕见。

丽莎在学校受欢迎的程度是显而易见的。来自中国的许蔚爽是丽莎的学生，正在哈佛大学做博士后。在选择导师的时候，她发现其他导师一般都带五六个学生围坐在一起讨论，而丽萨的教室里挤了 20 多个学生。她说：“这个领域有公众影响力的人不多，丽莎肯定是最具代表性的人物之一。”

这当然需要极其出色的学术能力。丽莎第一次真正得到学术界认可的成果是一个有关“宇称破坏”的成果。当时，丽莎研究了某类“宇称破坏”，实验结果与近些年其他物理学家预测的顶夸克质量有很大出入。由于许多物理学家都开展过相关实验，而丽莎的实验结果与先前的大多数预测并不相同，所以她的结论震动了整个物理学界。

如今，她的主要研究领域集中在粒子物理学和宇宙学，也经常兼顾不同的课题方向。“有些课题在我读研究生的时候就已经有不少人在关注了，但它们可能还停留在‘一个非常诱人的想法’的阶段。”丽莎总结自己的研究策略，“如果我认为它有潜力进一步深入发展，就会寻找它的‘缝隙’，我可以顺着那些空间往深处去，然后发现一些新的东西。”

粒子物理学研究很像“纸上谈兵”，很多时候依赖想象，而没有“眼见为实”的证据。研究者往往每隔几个月就会发表新的论文，或是构建一个新的模型。事实上很多模型只是个假设，它们可能第二年就会被推翻，有些模型在现有的实验条件下还无法证实，可能几十年后才能得到证实。

这是一个充满不确定性的科学领域。

不过，相比丽莎的其他研究来说，“兰道尔-桑德拉姆模型”更具生命力，它对弦理论、宇宙学、重力研究、粒子物理学都产生了影响。对丽莎来说，这个成果让她摸索到了将不同领域的研究融会贯通的方式。“它生发了许多新的触角，可以伸向更多的新领域，它也帮我去尝试一些之前没有想过的课题，为我的研究建立了非常有效的轨道。”丽莎说。

现在，虽然距论文最初发表的时间已经过去 20 多年，丽莎还是时不时回到原点，重新细化和深究“兰道尔-桑德拉姆模型”。她说：“外部世界的实验得出的结果指引了一部分研究的方向，但有些被理论误导了，有些发现也是在令人非常困惑的情况下得到的。如果可以比别人理解得更透彻一点儿，可以搞清楚它们的构成，我会非常有成就感。”

在探求真理的路上，遭遇挫折是再正常不过的事情，并不是每一次研究都能有新的发现。丽莎会对一些问题产生特别的兴趣，但在一切步入正轨之前，许多方向是走不通的，那时丽莎就会“浑身不舒服”，但她知道这些阶段的意义：“即使是让人不安的、停滞不前的、带来更多疑问的问题，我其实也可以从它们那里得出许多新颖的结论。”

许多人问过丽莎：如何成为一个优秀的物理学家？她的回答看起来非常简单：“首先要找到你真正感兴趣的方向、你的专长、你最有动力去学习的东西。你要有可以走下去的自信，但也不能太过自满，才能保持进步。你要坚持自己的想法，但也要尊重所有已经出现的想法。没有真正的捷径，但最后如果你能给不同的事物建立联系，那一切都是值得的。”

至于自己的性格里那些特别的地方，丽莎说：“可能最重要的是我是个奇怪的人？我会把别人想不到的很多东西放在一起。此外，我总是充满了好奇，想知道各种元素是怎么组合在一起的。”

如今，丽莎是哈佛大学有史以来第一位也是至今唯一获得“终身教授”职位的粒子理论物理学女教授。“终身教授”是美国高校教职人员的至高荣誉之一，相当难得的是，在入职哈佛大学前，丽莎在麻省理工学院任职时也被该校授予“终身教授”职位。

即使在强调平权的美国，女性和科学也是一个会被人们提及的话题，虽然它实际上非常无聊。从年轻时开始，就有人问丽莎，是谁影响和引导她走上了物理学的道路，对于这个有所暗指的问题，丽莎总是回答说：“我一直擅长数学和物理，但从小我所有的成绩都非常好。应该说，是科学本身指引了我前进。”

如今在美国的大学中，物理系里女性占的比例并不大。丽莎当然希望情况会有所改变，但她并不想强调其中的差别，在她看来，自己能得到哈佛大学的职位，“原因和其他男性教授没有区别，我的确做了一些非常重要的研究工作，也遇到过很多挑战”。

几年前参加索尔维会议后，她曾在推特上开玩笑说：和 20 世纪相比，在这个力求解决物理和化学问题的国际会议上，与会者的 X 和 Y 染色体比例依然没有变化。

“魔法”的普及

除了“著名物理学家”的身份，丽莎也是畅销书作家。2005 年，她出版了第一本作品《弯曲的旅行：揭开隐藏着的宇宙维度之谜》，这本书入选了当年《纽约时报》“100 本畅销书”。这本书主要介绍的就是额外维度的相关理论，但深入浅出，妙趣横生，即使是对粒子物理学一窍不通的人，也可以把它当成一本入门读物。

“为什么物理如此重要？不如想想从古至今，我们看待自己的角度已经发生多么翻天覆地的变化。这基于我们知识的积累和学识的进步，基于我们对物质最根本的基础成分的理解不断深入。可能对个体来说这种知识的作用没有那么显著，但对整个人类来说，它们至关重要。”

“强子”“额外维度”“超对称”“顶夸克”……即使能知道这些名称的大概指向，它们的具体形态也无法被看见，但它们是理解整个宇宙的根本。

其实人们并不知道很多物理学的研究成果是否正确。一些粒子的确存在，因为已经通过实验得到了证明，但至于额外维度，至今还缺乏强有力的验证。丽莎说：“我好像站在一个操场的中央，而周围都是不可见的危险和意外。”

她颇为享受生活在这样一个“危机重重”的世界，但她更希望所有人知道这个领域非常精彩、惊喜无限，她希望可以激发人们主动了解的兴趣，而不是单向地诉说、居高临下地分享。

身为一个在业界极具影响力和权威性的学者，出版普及读物似乎是额外之举。最开始，朋友们觉得丽莎研究的领域就像是某种魔法，于是建议她写一些东西。一提笔，她就一发不可收拾，尝试用更像日常对话的方式与普通读者沟通。丽莎说：“我想尽可能分享物理学家们兴奋的原因，你们可以理解这个世界，也会为之倾心”。

不过，要把这些理论性很强又很抽象的概念写成普及读物，工作量超乎她的想象。要在本来就忙碌的日程里加入写作计划，丽莎只能想方设法挤时间，有时甚至是早上起床后写几段，然后找空档再写几段。一次在参加美国国家科学院的会议时，同事看到她坐在桌前不间断地敲击键盘，忍不住问她是不是正在写书，她说是。

如何平衡时间？她没有答案，但她说："想要坚持做下去，就只能见缝插针。"

2020 年，因为新冠肺炎疫情，她大部分时间都在家办公，也趁机把之前写过的所有东西整理了一下。同事们有时会表示羡慕，他们会说"你做这个很开心啊，你怎么做了那么多厉害的事情"，但他们显然没有意识到丽莎的付出，因为根本没有完整的创作时间，兼顾科研和写作非常耗费心力，二者总是在相互"争抢"时间。

但这种多线并进的方法也有一些好处，比如她不会像专职作家那样遇到写作瓶颈。完成第一本书之后，她大概隔了五年才开始准备第二本书《叩响天堂之门》，其后又隔了近五年才完成了第三本书《暗物质与恐龙》。

《暗物质与恐龙》的诞生其实是个巧合，那时丽莎做了一场有关暗物质的演讲，正好亚利桑那州立大学物理学教授保罗 · 戴维斯（Paul Davies）坐在观众席里，他问丽莎："所以，你解决了恐龙的问题？"这让丽莎有些蒙，但回去查资料后，她发现这两个课题之间有非常有趣的联系。这本书虽然有恐龙灭绝的话题，但实际还是在讨论粒子物理：暗物质影响了彗星的轨道，并最终导致了 6 600 万年前彗星撞击地球和物种大灭绝。

理论物理学家严肃的“外衣”下也有着一个轻松的灵魂。在每个章节的开篇，丽莎都引用一些歌词作为导语，演唱者从比约克到苏珊·薇格，再到埃米纳姆，各种风格兼具。她经常会以一句话开头：“我是对的……还是错的？”查找歌词的工作全部由丽莎自己完成，开始是兴致所至，直接从记忆中“调出”歌词，后来数量攀升，她不得不专门查找一下合适的资料。记歌词有副作用，因为那些歌词就像“诅咒”，总是不停地回旋在脑海里，让丽莎没法想别的，但这种方式有时也会成为积极的动力，因为脑袋里总在回响美妙的音乐。

在研究陷入黏滞地带、看不见曙光的时候，丽莎也不免陷入沮丧，她喜欢找人合作课题，她认为：“一个人单枪匹马做项目太孤独了。即使你的合作者没有对这个项目做出实际的贡献，有人和你对话，有个对象可以让你谈谈想法，那都是好事，你的合作者总是会提供一些预想中的或预料之外的帮助。”

一个科学家不该只是活在研究当中，丽莎去了许多不同的国家，见了许多不同的读者，经常收到有趣的回复，甚至有伊朗的学生发消息给她，说从她的书中得到很多启发。还有一次，一位安保人员给她送来一张照片，照片上是他拍摄的星空，他希望能得到丽莎的签名（见图 9–1）。“有时候，看到那么多人真心喜欢物理，我很欣慰，能够从事这个领域的研究也让我由衷地感到骄傲。”丽莎说。

2007 年，丽莎被《时代周刊》评选为“全球 100 位最具影响力的人物之一”，那张名单里还包括希拉里·克林顿和史蒂夫·乔布斯。丽莎的访谈出现在《时代周刊》《新闻周刊》《纽约时报》《洛杉矶时报》《滚石》《经济学人》等报纸和杂志上，乔恩·斯图尔特也邀请她上著名访谈节目《每日秀》。这些媒体

图 9-1　一个安保人员给她送来一张照片，照片上是他拍摄的星空（丽莎 供图）

曝光极大地扩大了她的知名度和影响力，也让她有了更多与其他领域的人交流的可能。

“从他们的反馈中进一步证实你的研究的价值会很有成就感，而且你发现人们想知道这些研究是怎么回事儿，这也给了他们更多的机会去学习。”

物理学和歌剧

在第二本著作《叩响天堂之门》里，丽莎主要介绍了 LHC（大型强子对撞机）那些令人惊叹的细节。LHC 是世界上最大、能量最高的粒子加速器，造价超过 90 亿美元。它是一种将质子加速对撞的高能物理设备，深埋于地下 100 米，环状隧道有 27 千米长，是一台圆形加速器，坐落于瑞士日内瓦附近，横跨法国和瑞士的边境。

如今粒子物理学最重要的课题之一就是分析 LHC 的实验数据并与模型建立联系。物理学曾有一个未解之谜：质量的起源是什么？为什么有些微小粒子拥有质量，有些粒子却没有这种“待遇”？

2012 年，欧洲核子研究组织的科学家宣布发现了希格斯玻色子。这种粒子又被称作“上帝粒子”，是粒子物理标准模型中被发现的最后一种粒子。粒子物理学家认为，正是希格斯玻色子赋予其他粒子质量。欧洲核子研究组织建设 LHC 的重要目的之一正是寻找希格斯玻色子，最终如愿以偿。

丽莎写作《叩响天堂之门》的目的不仅在于描述科学的重要性，更是想解释科学研究如何被切实地引入实际生活。比如，你打开收音机收听节目的时候，根本不会在意收音机的运作原理；你往远处扔一个球，它根据“牛顿定律”会落到地上，这里用不上相对论，即使你会比较这两个理论的不同，在这个例子中两者的差别也微乎其微。但是，丽莎认为：“这会帮助我们理解科学的进步，至少会懂得我们为何会到达今天的认知水平。”

她在书里把 LHC 比拟成一台显微镜，可以让我们进一步看清宇宙的构造。她希望通过 LHC 的结果证实，在一个隐藏的维度里，引力子（传递引力的粒子）与引力微子共存，“虽然我刚入行的时候曾觉得这是个挺蠢的想法”。

在科学研究中，自信和自我怀疑这两种感觉总是交替出现。丽莎说：“很多时刻我都会感到疑惑，特别是在思考下一步研究什么课题的时候，我往往在两个项目的选择过程中感到恐慌。不过，自我怀疑能让我和傲慢保持距离，让我保持开放和诚恳的心态，可能也会激励我成为一个更好的物理学家。”

粒子物理、宇宙学、数学乃至其他科学领域和人文、艺术一样，都需要创造力。科学家、艺术家、作家、音乐家在表面上看起来相去甚远，但是他们所具备的专长和技艺、他们所拥有的天赋、他们的性格实际上并没有想象中那样天差地别（见图 9–2）。丽莎认为：“说到科学进步的时候，理解实验、概念和创意性的思维之间的交互关系至关重要。”

2009 年，丽莎为投影歌剧《超音乐序言》写了剧本。这部歌剧糅合了严

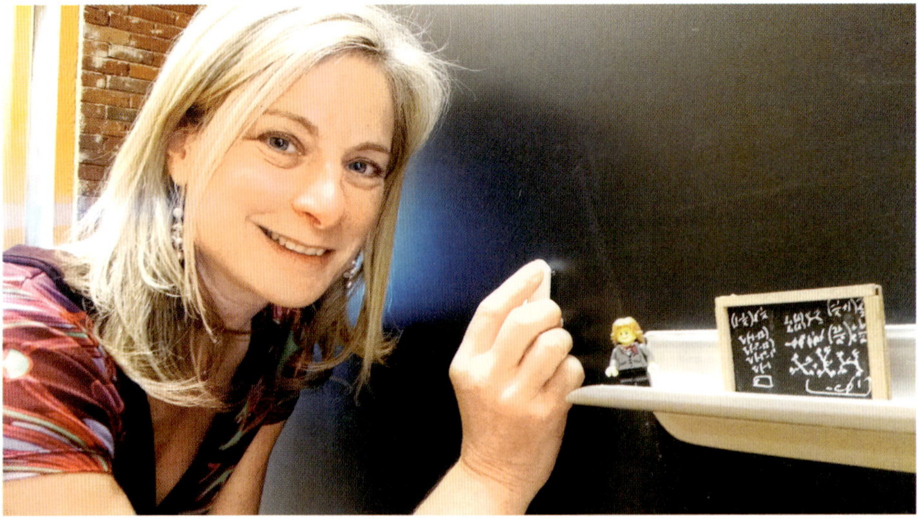

图 9–2 丽莎和艺术家为她设计的乐高人仔（丽莎 供图）

谨的实验数据，舞台设计为极简主义和抽象化风格，用一种非常先锋的方式演绎了古典音乐。歌剧在巴黎的蓬皮杜国家艺术文化中心首演后，又在几个城市巡回演出，“它有自己的生命力。非常疯狂，非常有趣，很多人都对它充满了好奇”。

这部歌剧的前期准备工作和丽莎写第一本书有异曲同工之处，那些繁复的线索都汇拢在一部戏里，要捋顺逻辑构架并不容易。但既然是一场歌剧，就可以出现各种音效，放入各种想法，所有的念头都可以投入其中。演出美轮美奂，视觉效果也非常震撼，观众反应热烈，对丽莎来说也是一种新体验。

与她合作的有英国艺术家马修·瑞奇（Matthew Ritchie）和西班牙作曲家埃克特·帕拉（Hector Parra）。丽莎负责的部分好像在推导一个物理公式，她兴奋地发现，歌剧可以作为一种与学术研究平行的方式来表达想法。

丽莎至今回想起首演前后的情景都会兴奋不已，无论是巴黎大街的海报还是首演时的意外巧合，都让丽莎认识到科学和人文的共通之处，科学家不用总是那么一板一眼的，同样可以充满激情。

2010 年，丽莎参与了洛杉矶一个名为“尺度测量”的展览策划，成为策展人之一。歌剧和这个展览同她的研究相比都只是非常小型的项目，但她发现许多人对此津津乐道，学术之外的尝试也让她释放了性格里更多的自我。丽莎说：“做学术的时候，我严肃且缜密，所以在写作和其他项目中，我会允许自己更开放、更自我。你不只有一面，但最重要的是始终在做自己。”

因为新冠肺炎疫情，过去的几个月里，丽莎的生活方式发生了很大的变化，她甚至开始试着打理花园和下厨。在此之前，丽莎从来没做过饭，但她有一颗喜欢尝试的心，这帮助她渡过了眼下的难关。

作为一个物理学家，丽莎喜欢的娱乐项目不多，数学拼图游戏是其爱好之一。一次开会时，有人给她看了一个拼图游戏的谜面，她立刻就说出了答案。她也喜欢户外运动，特别是攀岩和滑雪，甚至因此摔断过肋骨，但这不影响丽莎对它的喜爱。她说："攀岩能让你转换注意力，让你舒展身体，还能让你对整个过程有所思考。"

丽莎至今单身，对她来说，最快乐的时光始终是做研究的时候，学术在她的生命里毫无疑问排位第一，她愿意为之奉献所有的时间和精力（见图 9-3）。

图 9-3　丽莎最快乐的时光始终是做研究时（丽莎 供图）

在科学的世界里，丽莎找到了一些答案，但还有更多的路要走。她在真理面前怀抱着谦虚和坚定的内心，“我们还没有掌握一切，但这不等于我们一无所知”。

（文 / 李冰清）

科学精神内核

丽莎·兰道尔是一位“学霸”，从小成绩出色，特别擅长数学和物理，17岁时获得了被誉为“美国中学生诺贝尔奖”的“西屋科学天才奖”，进入哈佛大学后，仅用三年时间就完成了本科学业，并顺利取得博士学位。

这位天才少女在进入物理学界后，最初凭借对宇称破坏的研究站稳脚跟，用令人惊讶的速度从助理教授晋升为普林斯顿大学和哈佛大学的终身教授。1999年，丽莎·兰道尔和拉曼·桑德拉姆一道提出了给予五维空间独特几何属性的“兰道尔-桑德拉姆模型”，被看作理论物理学近20年来最有影响力的成果之一。

凭借众多充满想象力的研究，丽莎已经成为粒子物理学、宇宙学等领域内的顶尖科学家，《时代周刊》曾这样评价她：“这位女性物理学家让我们重新认识了宇宙，更颠覆了物理学这个被视为男性俱乐部的阵营。”

丽莎并不是一个典型的实验室里的科学家，她还写作科普图书、参与歌剧创作，用通俗的语言向大众传播理论物理的知识，在美国社会拥有广泛的影响力，被万千读者视为科学偶像。

10

马克·麦考林

从褐矮星返回地球

马克·麦考林（Mark McCaughrean），欧洲航天局（ESA）科学与探索高级顾问，1961 年生于英国，1988 年毕业于爱丁堡大学，获天体物理学博士学位。2009 年加入欧洲航天局之前，他曾在美国国家航空航天局（NASA）和数家德国天文研究机构任职，并在英国埃克塞特大学担任教授。

他曾在许多大型地面天文台工作，操作包括安装在夏威夷岛的英国红外望远镜（UKIRT）和智利的欧洲南方天文台（ESO）甚大望远镜在内的顶级设备。他参与了哈勃太空望远镜和詹姆斯·韦伯太空望远镜等太空望远镜项目的研发，还深度参与了欧洲航天局的“罗塞塔号”彗星探测项目等不同项目。他目前的工作之一是把欧洲航天局在天文学、太阳物理学、行星探索、基础物理方面的成就传播给公众。

梦想

VISIONARY

世界公民

GLOBAL CITIZEN

激情

PASSION

乐趣

FUN

好奇

CURIOSITY

梦想成为宇航员的小男孩

在 40 多年的天文观测生涯中，马克 · 麦考林从没见过这么美丽却让人不安的天象。异兆并不在宇宙里，而出现在地球上空。夜光云是出现在地面上方约 80 千米处高空的夜间闪光云朵，最早出现在人类的记录里是 19 世纪七八十年代，也就是近代工业诞生后的产物。它们原先只出现在北极地区，后来慢慢向低纬度扩散。2019 年夏，夜光云直接出现在荷兰，也就是马克工作所在地的上空。一个深夜，在骑车回家的路上，他看到夜光云明亮而不详地闪耀在天上。

夜光云越来越频繁地出现可能是地球生物圈的凶兆，这种独特的云是水滴附着于陨石进入大气层时留下的尘埃微粒形成的。欧洲航天局的卫星云图证明，地球大气中的甲烷浓度在加速上升，而这被认为是导致地球上空水分增加的原因。甲烷是比二氧化碳更危险的温室气体，石油和天然气田、沼泽地、动物打嗝（比如牛）、西伯利亚冻土层中都有大量甲烷。

开采油气田、大规模发展牧业、生产一切和油气相关的产品（比如塑料）等人类活动都在加剧甲烷排放，全球升温，又进一步导致西伯利亚冻土层融化，可能会释放更多的甲烷，加剧全球升温……这个恶性循环已经把气候变化推过了临界点，全球冰层的融化速度令科学家们感到震惊。如今，减少碳排放的意义已经不大。哥伦比亚大学气候学教授安德斯·列维尔曼（Anders Levermann）说："我们需要零排放！零！"谁都知道这是极为困难的。

马克·麦考林是红外天文学领域的先驱，目前的职位是欧洲航天局科学与探索高级顾问。欧洲航天局类似 NASA，不过前者是由欧洲 20 多个国家参与的科研机构，不单独隶属于哪个国家。

马克在荷兰一座富裕美丽的海边小镇居住，离海边起伏的沙丘只有 10 分钟车程。但海水正在威胁着低地国家的存亡，大约再涨一米，这个小镇就不能再住人了，这个过程也许需要 250 年，也许只需要不到 150 年。

在马克出生的 1961 年，这样的忧虑似乎还非常遥远。那是一个强烈的乐观和令人窒息的悲观并行的年代。20 世纪 60 年代的冷战高峰期，美国和苏联之间的核武器大赛随时威胁着人类的安全，两国之间的太空竞赛，尤其是美国总统肯尼迪大力支持的"阿波罗计划"，却激起了全世界对太空的向往和对航天科技的热爱。

马克出生后不到一个月，人类历史上第一个宇航员（苏联人尤里·加加林）就进入了太空。马克 8 岁时隐约记住了"阿波罗 11 号"任务，但他记得最清楚的是 NASA 的"天空实验室"项目。"在阿波罗 1 号"事故后，NASA

暂停了载人登月火箭项目，转而在1972年建成了第一个空间站。

1973—1974年，有三批宇航员陆续进入空间站工作，他们在太空里的一举一动通过电视迷住了大西洋两岸的千家万户。马克和那时候的许多孩子一样，剪下杂志里空间站的照片，收集起来贴在课本里。

他想做一个宇航员，是的，那时候，全世界有数不清的孩子想做宇航员，但马克显然比很多孩子规划得更彻底。他发现了一个大问题——他是个英国人，那个时候的西方，只有美国人才能做宇航员。他暂时搁置了这个问题，开始思考，做个宇航员需要干什么事？他的结论是：首先，肯定要会开飞机；其次，必须成为一个科学家。

他对天文学已经有了兴趣，但他不是一个典型的极客型小孩，没有加入什么天文学俱乐部。他有一架玩具天文望远镜，用来在阳台上看星星。这就迈出了第一步。

第二步就是加入英语国家常见的童子军。童子军为青少年提供野外训练活动，大多数童子军都是在陆地上训练，但如果在海边，他们就会组织海上童子军。马克那时候住的地方正好有一个空中童子军组织，设在一个军用机场旁边，恰合他意。

17岁，马克申请到了英国皇家空军的奖学金，用以学习驾驶飞机。他在剑桥附近的一个飞机训练场，用一个夏天就拿到了飞机驾驶证，当时他连汽车驾驶证都还没有。

看起来一切按他的计划进展顺利，皇家空军还为他提供奖学金上大学，此时，梦想之路的第一个选择出现了：接受这笔奖学金的话，他毕业后就必须在空军服役 8 年，而且因为他的数学成绩很好，皇家空军让他学习领航员专业，而不是飞行员专业。如果他仍然想做宇航员，这就不是一个正确的选择。于是他拒绝了奖学金，但他在大学里还是被当地皇家空军大学的飞行中队接纳为成员（见图 10–1），一面学习天体物理，一面驾驶军用飞机，只不过他毕业后没有服役责任了。他的很多朋友毕业后加入了皇家空军，当中有些人驾驶飞机参加了第一次海湾战争。

那时，年轻的马克意识到自己的性格并不适合从军。像所有优秀的科学家一样，他经常质疑上级的命令，认为解决任何问题的正确答案都可以通过与同行讨论和辩论找到。在等级秩序严格的机构里，他的这种态度和思考方式不太行得通。

从爱丁堡大学本科毕业后，马克被邀请继续攻读博士学位。“就是这条路了。”他当时对自己说，离成为宇航员的梦想不远了。这时候他又听说了一个好消息：载着科学家们去空间站的航天飞机有专门配备的驾驶员，他不需要自己开飞机了。

但是，5 年的博士学位求学生涯跟宇航员和空间站还毫无关系，他从事的是基于地面观测的天文学研究。他经常飞到夏威夷用英国人安装在那里的一台新型红外天文望远镜观测。在那里，他结识了来自各地的同行，开始参与许多激动人心的项目。

20 世纪 80 年代初，数码相机出现，开始运用于天文观测。80 年代中期，一项新技术的出现为马克一生的事业提供了新机遇，它就是内置于数码相机的红外传感器。这项技术给天文学研究带来了一个巨大的飞跃，极大地促进了自

图 10-1　1982 年，21 岁的马克是一位年轻的皇家空军飞行员，这是他在火神轰炸机中
（梅尔 · 詹姆斯 摄影，马克 · 麦考林 供图）

"二战"后开始兴盛的天文学新分支——红外天文学。

红外天文学为什么能给天文学开启一个新大陆？因为红外线探测可以运用于三个重要的领域（见表 10-1）。

表 10-1 红外线探测可用于三个重要的领域

1	探测太空中的低温物体。
2	探测新的恒星和行星诞生时，气体和尘埃云团中的奇妙变化。
3	探测宇宙膨胀导致的天体间的距离变化。

首先，可以探测太空中相对低温的物体。物体温度越低，它发出的光的波长就越长，在大约 1 000 摄氏度以下，人类的肉眼基本就看不到这些物体发出的光了，但红外线探测器可以像夜视镜一样捕捉到它们。

其次，新的恒星和行星是在黑暗的气体和尘埃组成的星云里诞生的，没有红外线探测器，我们就无法穿透这些尘埃观察星云内部的壮观变化。

最后，我们的宇宙自 138 亿年前的大爆炸以来一直在膨胀，天体之间的距离越来越大，它们与地球的距离加速拉远，因为它们的光都发生了红移（指电磁辐射由于某种原因导致波长增加、频率降低的现象）。到了某个节点，最遥远和年轻的星系离开我们的速度是如此之快，它们的光全都发生了红移，看不到了。这时候就只能用红外线探测器来捕捉它们，低温物体、新星诞生和宇宙膨胀都可以借助红外技术被观测，这使得过去 40 年里红外技术成了天文学里的新热门。马克正赶上了好时候，一开始就参与建造和使用了史上最早的红外天文望远镜。

虽然赶上了好时候，但马克逐渐意识到一个之前从未思考过的现实：太空中固然充满物理真空，也充满了人类的政治。具体来说，红外天文探测器的底层技术来自美国军方。在马克和同事们使用的天文相机上，如果用放大镜仔细看，就会发现一个小标记——“Tank Breaker”（坦克摧毁者），显示它曾被用于“二战”时探测敌方坦克并对其发射导弹。

当时，有些英国科学家对跟美国军方合作有所顾虑，尤其在冷战紧张局势升级的时候，其中的部分原因是罗纳德·里根的“星球大战”导弹防御体系项目以及在欧洲部署战术核武器。毕竟，40 多年前，原子弹刚刚在日本夺走了数十万人的生命。很多科学家拒绝使用相关技术。

然而，东西阵营的冷战和美苏之间的太空竞赛也促成了航天技术的飞跃，包括机器人探索太阳系、载人航天、“阿波罗登月计划”、空间站、哈勃望远镜等，激发了几代地球人的太空梦。美国登月宇航员阿姆斯特朗出舱后留下的话——“我们为了全人类的和平来到这里”，塑造了这种跨越国界的梦想和希望。

作为一个年轻的天文学学生，马克当时忙于参与诸多激动人心的项目，没有太关心它们背后更广泛的政治含义。博士毕业后，他去往美国 NASA 工作。

最初，他在戈达德太空飞行中心工作，这里是 NASA 天文学研究的中心，大名鼎鼎的哈勃太空望远镜就是在这里研发的。很多年后，戈达德太空飞行中心还会领导詹姆斯·韦伯太空望远镜项目，也就是美国 NASA、欧洲航天局和加拿大航天局的联合项目。如今，马克已经参与詹姆斯·韦伯太空望远镜项目20 多年。

在戈达德太空飞行中心，马克开始了人生第一阶段的科学家生涯，也了解到教科书不会告诉学生们的一个现实：生活里充满了活生生的人，而不仅仅是科学真理。

人的因素

从 1988 年加入戈达德太空飞行中心的那天开始，马克就意识到他卷进了一场个人政治。马克的上级弄到了一台中红外探测器，经过优化可在太空中使用，但他要把这台探测器装在夏威夷的地面天文望远镜上。这是个艰巨的项目，因为地球的大气甚至是望远镜自身发出的红外线的波长都在这台仪器能探测的波段里。观测者要在这些杂乱、明晃晃的光谱里分辨太空中的天体，很多人都怀疑用它得不到什么有用的科研数据。

有时候，项目的压力很大，领导需要向怀疑他的同行证明，即便他带领的是一个预算微薄的小团队，这个项目也能出成果。不幸的是，这台仪器虽然的确能用，但成果有限，因为只有非常明亮的天体才能被它分辨。

18 个月的工作后，马克在 NASA 的合同期结束了，他接受了一个来自亚利桑那州的工作机会，参与研发哈勃太空望远镜上的一台红外线设备。这个工作终于让他重返博士求学生涯的近红外波段的研究，而且因为是跟哈勃望远镜打交道，也许还让他离自己的太空梦更近了一步。但他没想到，还有更大的波折在等着他。

1990 年 4 月，马克到亚利桑那州工作不到一年，哈勃太空望远镜发射升空，但科学家们很快发现，这台望远镜备受“视力模糊”的困扰，因为在生产过程中使用了一台错误的测试设备，导致镜片厚度产生了几微米的误差。多年来备受瞩目的哈勃项目花费了几十亿美元，如今却为 NASA 带来了灾难性的尴尬，让它一时成了全美的笑柄，媒体上铺天盖地的嘲讽让 NASA 不堪重负。NASA 减缓了整体工作进度，削减了哈勃望远镜的设备预算，以便把资源集中在解决望远镜的光学问题上。马克和亚利桑那州几个同事的工作受到了冲击，他们在短短的通知期后被解雇了。

对他们当中的很多人而言，那是一个非常困难的时期。幸好，马克的朋友们帮他渡过了这个人生低谷。他很快在亚利桑那州的天文学家罗杰·安吉尔（Roger Angel）那里找到了一份工作。

安吉尔发明了一种全新的镜面制造方法，他和团队在一个足球场的看台下建造了一个巨大的炉子，把玻璃放进一个特别的模具里融化后旋转，玻璃慢慢在旋转中冷却，形成抛物线形截面的完美凹面镜，背部的支撑构架坚硬却很轻。从前，这样的凹面镜是用铸成平面的玻璃块打磨而成的，耗时耗力。安吉尔的技术可以前所未有的速度制造出直径达 8 米的天文光学镜面，迄今仍在使用。马克和安吉尔工作了半年，其间还做了其他一些项目。之后，马克接受了一份位于德国海德堡的马克斯·普朗克天文研究所（MPIA）的工作邀请，前往德国。

在 MPIA，马克参与了一系列前沿项目，包括为研究所在西班牙南部的大型望远镜研发两种新型红外相机。相机在亚利桑那州制作，运回欧洲，MPIA 因此在天文界一时风头无两。1994 年，苏梅克–列维 9 号彗星撞击木星，第一张撞击产生的碎片影像就是被其中一台新型相机捕捉到的，MPIA 更因此名声大噪。

在马克与MPIA的合同到期之后，他在波恩的马克斯·普朗克射电天文学研究所工作了18个月，接着继续北上，来到了离柏林不远的波茨坦天体物理学研究所。在那里，在近10年的短期工作接力赛后，他终于得到了一份永久合同，可以专注于研究，同时和家人一起享受在柏林的生活。

在波恩的短期工作中，还有一个他人生的标志性转折点。他在那里遇到了一个英国访问学者，这个英国学者当时在为欧洲航天局工作，负责NASA哈勃太空望远镜项目——此时哈勃太空望远镜已经修好。他邀请马克加入一个研发团队，这个团队刚开始研发哈勃太空望远镜的新一代替代产品：一架比哈勃大得多的太空望远镜，专门为红外天文学观测而设计。

这个项目是NASA、欧洲航天局和加拿大航天局联合研制的新一代望远镜。当时它有一个直截了当的名字——“新一代太空望远镜”，是从《星际迷航》里得到的灵感，后来它被命名为“詹姆斯·韦伯太空望远镜”。

这是1998年，马克欣然加入了这个人类历史上最昂贵的庞大的太空项目。如果一切顺利，这架耗资约90亿美元的望远镜将在2021年由欧洲阿丽亚娜5型运载火箭发射到太空。

在抵达柏林的时候，马克的宇航员梦早已黯淡，但他更强烈地意识到了科学研究领域的现实。他独立的性格让他拒绝进入军队去无条件地服从命令，在科研机构里自然也直言不讳。但科研领域里也有等级，有些掌握权力的人不喜欢听到别人对自己的批评。

“我们在科学研究里做的每件事都是由人创造出来的，所以至关重要的是我们要意识到这一点，而不要以为我们能够把科研置于人之上，认为科研是高于人性的。”马克说。这个理解帮助他在未来的工作和思考中变得更成熟，无论是针对大众的科普，还是促进科研团队多样化的努力，无论是对待不同国家的政治，还是去了解不同文化的社会构建。

他对自己的认知也在不断变化，他的自我定义从一个英国人发展到自己是一个欧洲人，再到一个世界人，最后发现自己其实是“来自恒星的一堆原子”——这是著名的卡尔·萨根说的话。

马克说：“或许这只是我在工作中不断成熟的一个认知过程，也许所有人最后都会经历同样的过程。但这的确让我更了解了世界是如何运转的，以及人是如何工作的。”

“哇！那是个什么？！”

马克的天文学研究里有大部分工作是研究恒星和星系的诞生过程，特别是那些尚未成形的恒星。

在天文学里有一个用来衡量天体质量的单位——太阳质量，也就是太阳系的太阳的质量，一个太阳质量相当于 2×10^{30} 千克，约等于地球质量的 33 万倍。

了解一点儿物理学的人都知道，每一点儿质量都会产生相应的引力。在恒星形成的区域，重力会让物质开始坍缩，聚集起来形成致密的天体。然后，如果它们足够庞大，它们核心里的压力就会把氢原子挤压在一起，引起核聚变反应。核聚变释放出能量，就把这些致密的天体变成了恒星。但如果聚在一起的星云物质只有太阳质量的 8%，核心的压力就不足以把氢原子挤到一起来引发核聚变。这些永远不会燃烧的小型气态天体的温度只会越来越低，越来越难以探测，天文学家们称之为“褐矮星”。

在马克几十年的天文研究中，大部分时间就是在恒星形成区域（比如在猎户座星云）的气体和尘埃里搜索褐矮星，这个任务对红外天文学而言最为理想。这些介于恒星和行星之间的天体有什么特征？聚集起来的星云物质最低达到多少就能形成褐矮星？每生成多少颗褐矮星才能形成一颗恒星？这对我们了解恒星的形成有什么启示？

在同样的区域，我们也可以看到行星的形成。年轻的恒星和褐矮星被密集的气体尘埃组成的行星盘包围，在星云明亮的背景下，我们可以看到其中一些的剪影。

马克和同事鲍勃·欧戴尔（Bob O' Dell）以及约翰·巴里（John Bally）一起，在猎户座星云里发现了这些行星盘，他们发现有些行星盘正在被附近巨型恒星的强烈射线和星风摧毁（见图 10–2）。那里面有多少星周盘？它们有多大？含有多少物质？有多少在早期诞生后能存留下来得以产生行星？

这些关于褐矮星和行星盘的问题，回答起来非常不易，因为这些天体很小，发出的光也很微弱，即便用最大的天文望远镜也难以捕捉。这就是马克在夏威夷和智利用地面天文望远镜（见图 10–3）和太空中的哈勃太空望远镜试图回答的问题，在詹姆斯·韦伯太空望远镜升空后，这也是他最先要观察的事物之一。

图 10-2　猎户座星云红外图像，使用欧洲南方天文台位于智利的甚大天文望远镜拍摄
（马克 · 麦考林 摄影，欧洲南方天文台 供图）

图 10–3　位于智利阿塔卡马沙漠的欧洲南方天文台甚大望远镜（马克·麦考林 摄影、供图）

天文学研究与所有科学研究一样，并不会永远都是诗意和壮观，也有很多日常工作内容，比如写研究经费申请、写望远镜使用申请，以及大型项目和团队的行政工作、在大学教书，还有为了开会的频繁差旅……这些都会花费很多时间，甚至要牺牲个人生活，尤其是年轻的时候，马克经常加班到半夜才回家，到现在他妻子还会偶尔提醒他“又没按时回家”。他从科学研究中获得的乐趣却使他感觉这一切都非常值得。“你建造了一台新的观测仪器，来到太平洋中心的岛上，打开天文台的穹顶，把天文望远镜对准天空中的某个地方，发现了一个新东西，你知道这是世界上其他人都未见过的。”马克说，“这种非常强烈的个人感受很罕见，我大约经历过 10 次吧。”

每次他都觉得好像肾上腺激素在体内涌动，脖子后面的汗毛直立。他强烈感受到自己作为一个人、一个宇宙的微小分子，与这个新的、同一个宇宙里遥远而前所未见的现象之间产生了直接的连接。

20 世纪 90 年代初的一天，他的一位同事约翰 · 莱纳（John Rayner）在夏威夷的天文台操作着天文望远镜，这时他们“疯狂的德国朋友”汉斯 · 辛奈克（Hans Zinnecker）半夜打来电话：“把天文望远镜对准 IC348，这个地方很有意思，有很多新生恒星。”

那时候，互联网还没有普及，线上数据库还没有建立，所以马克和约翰翻开了一本基于之前红外天文观测结果制作的纸质星表，找到了第一条 IC348 的条目。他们把望远镜对准那里，用红外相机拍了一张影像。

“哇！那是个什么？！”他们看到的壮观场面让他们大吃一惊：一双气柱，其长度超过日地距离的 3 万倍，出现在天空原本看似空白的一个地方。

后来马克发现，望远镜指向的不是汉斯让他们看的新生恒星群，而是指向了附近另一个新的恒星正在形成的区域。他们发现的是一颗原恒星喷出的气体喷流，这颗非常年轻的天体还深深地埋在它所诞生的气体和尘埃里，它发射的喷流挤压着周围环绕的云，点亮了氢气，发出了红外线（见图 10–4）。

在恒星成长过程中，以重力从环绕它的气体云里吸聚物质，同时又把物质喷射出去，听起来是很反常识的，但这里面其实有一个物理学原理——角动量守恒定律。

恒星诞生于气体云，也就是一个物质开始向重力中心坍缩的过程，越来越多的物质被重力吸引，聚集到核心，产生更多的引力，又把环绕外围的星云物

图 10-4　年轻原恒星系统 HH212 外向流的红外图像，使用欧洲南方天文台智利甚大望远镜拍摄（马克 · 麦考林 摄影、供图）

质进一步向中间收拢。恒星坍缩得越小，星云里的每一次旋转就越快，就像花样滑冰运动员把手臂收拢在胸前，旋转的速度越来越快，这就是角动量守恒定律。到后来它们转得如此之快，理论上就应该会因为离心力而分裂，但是并没有，恒星用别的办法释放了部分角动量——大量的气体，像一根长柱，从恒星两极射向宇宙。

20世纪40年代末，天文学家们就已经发现年轻恒星喷出气体喷流的现象，但马克、约翰和汉斯第一次用红外线探测到了原恒星的喷流，这样的发现，此后还会有更多。

如今，这样因错得福的戏剧性故事很难再发生，因为任何使用天文望远镜的科研工作者都需要预先申请，并且只能观测预定的天体或者区域。因为天文望远镜是紧缺资源，很多天文学家需要共享它，个人不能随便用。另外，如果你随便改变观测方向，可能会窃取其他科研人员正在观测的数据。严格的管理可能减少了马克那个时代的天文学家们戏剧性的偶然发现，但对天文仪器利用效率最大化和保护每个人的科研成果是必要的。

就像马克在更年轻的岁月里发现的：科学研究生涯里除了奇迹，还充满竞争和人的因素。不愉快的时刻难以避免，因为人们会争夺优先权。

那么，同行竞争到底是减弱了科学的乐趣，还是增强了乐趣呢？“有一次我听到一位资深的欧洲天文学家造的一个词——竞合。很多项目是需要很多人参与的，这当中既包含合作也有竞争，这是很重要的。”马克说，“不过幸运的是，如今友好的合作看起来正在成为主流。”

回顾自己的科学道路，马克觉得自己很幸运，总是有朋友帮助他渡过难关。从困难中走出来后，他一直遵循一个原则，就是只跟他喜欢、信任和有共同价值观的人一起工作。马克绝不会因临时的方便而放弃这个原则，不为某些好处去跟人合作，不然的话，虽然一段时间里这样有用，但很快一切就都会崩塌。马克说："所以要让自己身边环绕的人，既相信你的做事方式，也分享你的好奇心。但也不要只跟观念相同的人打交道，因为你要随时准备好迎接挑战和改变自己。"

为了实践自己的原则，马克组织了一群欧洲天文学界研究恒星和行星形成的朋友，并成功地从欧盟筹集到资金用来推进欧洲不同国家之间科研团队的合作，聘用大学生和博士后、组织会议等。为此，他开始更多地参与管理工作，也学会了应付科学研究里的政治。

"做那些让你充满激情的事"

2004 年，在柏林住了 6 年之后，马克回到位于英格兰德文郡的英国埃克塞特大学，担任天体物理学教授，对马克来说，这相当于回到了他的起点——他出生的地方。与此同时，马克依然运营着他组建的欧洲科研网络，和学生、博士后以及同事们一起做科研项目，很多工作依然需要用到欧洲南方天文台的甚大望远镜。

不可否认，宇宙的召唤太强大了，2009 年，他加入欧洲航天局，担任欧洲航天局"欧洲空间研究与技术中心"（ESTEC）的研究与科学支持部主任，他和家人一起搬到了荷兰。

此时的马克已经不再是那个渴望成为宇航员的年轻人，他的责任更大、更重：负责管理欧洲航天局的科研项目，包括涉及天文望远镜观测宇宙的项目，飞往行星、彗星和太阳的航天项目，等等。这意味着帮助科研群体更好地运用太空中已有的项目，并保证欧洲的太空新任务能够达成科学目标。

2013 年，他转而担任欧洲航天局科学与探索高级顾问。从那时起，马克就一直在给各位主管提供科学咨询，并将欧洲航天局的科学研究成果更广泛地传播给公众和科学家们（见图 10–5）。为此，他需要频繁地发表演讲、参与各类委员会工作，并且与外部伙伴合作。

图 10–5　2014 年，马克在欧洲航天局位于德国达姆施塔特的欧洲空间控制中心接受采访
（Jürgen Mai 摄影，马克 · 麦考林 供图）

马克致力于展示欧洲航天局的重要科研任务，比如，飞往水星的BepiColombo探测器的科学原理和目标、欧洲航天局绘制包含超过10亿颗恒星的三维星图的“盖亚任务”、人类在国际空间站里开展的研究，还有登陆月球和火星的机器人探索，等等。

这些任务中最耀眼的一个可能是2014年8月的“罗塞塔号”探测器登陆彗星“67P/丘留莫夫－格拉西缅科”。当时，“罗塞塔号”经过10年跋涉终于带着着陆器“菲莱号”登陆彗星。这是个令人激动的时刻，马克和他的团队负责将这个过程和成果传达给媒体和公众。在他们的努力下，大量相关的文章、图片和图表传播到世界各地，甚至还产生了一系列获奖动画片，把“罗塞塔号”和“菲莱号”变成拟人形象，讲述它们刺激的科学冒险故事。

马克还做了一件“有点儿疯狂”的事情：和一家波兰电影公司合作，从遥远的未来看“罗塞塔号”任务的科学目标。电影公司秘密拍成了三个科幻电影短片，其中《雄心》请来了《权力的游戏》中“小指头”和莱安娜·史塔克的扮演者，导演更是曾获奥斯卡最佳动画短片提名的托默克·巴金斯基（见图10–6）。

电影是秘密拍摄的，包括在冰岛的拍摄地点也对外保密。“菲莱号”登陆彗星前六周，他们在网上发布了一段片花。然后，他们在伦敦的英国电影学院举办了首映仪式，请来了很多记者，但没有告诉大家这部电影是关于什么的，也没有告诉他们这跟欧洲航天局的关系。其中很多娱乐记者此前还不知道“罗塞塔号”任务。当电影情节进行到“罗塞塔号”出场的时刻，所有到场的欧洲航天局成员都脱掉了外套，露出身上印着欧洲航天局和“罗塞塔号”标识的T

图 10–6　科幻电影短片《雄心》的截图。（马克 · 麦考林 供图）

恤，全场气氛达到了高潮。

“那还是挺好玩的一天。”马克以英式低调的微笑回忆。这部电影后来还得了不少奖项，推动了一轮席卷全球的“罗塞塔号”热潮。

从此，欧洲航天局得到了许多音乐人、艺术家、电影人和媒体的关注和喜爱，马克也成了国际公众关注的人物。他被邀请到世界各地的机构讲述欧洲航天局的故事，登上世界各地的媒体。他被邀请和第一批登月的宇航员之一巴兹 · 奥尔德林一起环游澳大利亚；2018 年，他受腾讯邀请，到中国参加一年一度的“腾讯科学 WE 大会”介绍詹姆斯 · 韦伯天文望远镜（见图 10–7）。这些对科学家来说不寻常的经历，也给他带来不少成就和乐趣。

马克对媒体并不陌生。他第一次登上电视时还是一个大学生，在一个深夜 1 点播放的英国电视科普节目里，他向睡不着且想了解科学的观众介绍天文

图 10–7　马克 · 麦考林 2018 年在“腾讯科学 WE 大会”演讲

学。如今，他作为欧洲航天局的发言人，已经在电视新闻、纪录片、广播、网络和纸媒上频繁出现了成百上千次。

天文学一直都是科普界的流行话题，NASA 在哈勃太空望远镜第一次失败之后的大众传播工作也起了推波助澜的作用。那时陷入了公共形象危机的 NASA 意识到，它必须努力向大众传播修缮哈勃太空望远镜的过程，以及修缮后取得的了不起的成果，以重建公众对它的信心。

作为回应，很多运营地面天文望远镜的机构也大力增加了公关工作，提高了对大众的公关能力。如今，天文学家们都认同向大众传播自己的研究是多么有价值。

马克和同事们的工作动力一部分是出于公共机构的职责，向 22 个成员国的纳税人解释他们花在航天局的税款都做了哪些事情。同样重要的是向他们展示，这些国家齐心协力可以取得全球顶尖的科学技术成就，改变人们把一切太空科研成就都归于美国的惯性思维。

马克希望让年轻人看到，长期的合作和投入的工作可以应对太空中巨大的技术挑战。希望他们能受到启发，一起解决当下人类面临的紧迫问题，其中首要问题便是气候变化。

2016 年英国“脱欧”公投之后，马克深深地为公投结果感到失望。他相信人类可以有效地创造和维持和平繁荣，只要他们跨越边界和历史恩怨携手向前。他认为，英国“脱欧”也是一个全球日益反智和反政府潮流的标志，这个潮流质疑科学，质疑任何基于事实的决策。阴谋论者甚至主张地球是平的、阿波罗登月没有发生过，更危险的是，他们声称气候变化是一个骗局，而疫苗是用来奴役人民的。

“这个变化来自哪里？似乎有一部分来自那些想要掌权和发财的人，他们通过在不同人群里激发恐惧和冲突来浑水摸鱼。”马克说。

在一个越来越复杂的世界里，面对全球性的挑战，有些人想要退回到简单的方案，甚至更糟糕的是否认这些挑战的存在。当世界上的一些人正在远离科学时，马克希望找到一个让人们忘却国界、共同克服危机的方式，把科学和理性思考作为他们的武器。

这样的忧虑和责任感，加上作为一个对什么都好奇的“非典型性科学家”，马克做了很多跨界工作。他和朋友阿莱克斯·米拉斯（Alex Milas）发起了一个大众科学文化项目 Space Rocks（太空摇滚），内容涵盖音乐、科幻小说、艺术、太空科学和技术等。除了公众对话、访谈、讲座等形式，这个项目里还有一个视频网站 YouTube 上的对话节目——Uplink，请来宇航员、科学家、音乐家、作家、电影人甚至还有《星际迷航》《太空堡垒卡拉狄加》《苍穹浩瀚》的演员参与对话，目前马克还希望邀请《三体》的作者刘慈欣做嘉宾，谈谈地球人与外星人接触的问题。

在天文学家里，马克自成一体——“我的确是一个对什么都好奇的人”。从宇航员梦想到今日的天文学专家和科普达人，马克对“何为成功”的理解逐渐转变。

他这代人成长中的太空梦只聚焦在几个宇航员身上，在科学界，诺贝尔奖得主是他们的英雄。但马克渐渐意识到：“个体当然会起关键作用，但在今日，科学发展越来越多地依赖团队，依赖很多人互补的才能、专业和经验。”比如，粒子物理学在不同机构（如瑞士日内瓦城外的欧洲核子研究组织）的发展，很长时间里都是数千人在合作研究推动，天文学研究也越来越仰仗数百乃至上千人的技术和科学团队，搭建、运营和使用地面或太空中复杂的天文台。

“发展科学，最重要的是团队合作、建立网络，而且我现在做的事情是加强网络成员的年龄、性别和族群多样化，慢慢改进原先那种完全由欧洲老年男性设定的做事方法，这为我们带来了很多新视角。”马克说。

他对有志于从事科学的年轻人提了个建议：“了解你自己，如果可以选，做那些让你充满激情的事。遵循你的心，而不是你的脑子，你的脑子就会跟上你的心。”

但是他立刻意识到，这句不分情形的建议可能流于轻浮：“当然，我是个很幸运的人。据说在这个世界上，就连以扮演猫王为生的人，数量都比天文学家多，能成为天文学家是少数人的幸运。我们依赖纳税人的支持，所以我们有义务与他们分享我们的成果和启示。”

在一个日益被消费主宰、注意力无限分散的世界，思考更远大的图景，关注科学、艺术和文化交汇之处，非常有益，可以为我们的人生带来更深的哲学意义和目的。在广阔无垠的宇宙背景下，我们会看到人的生命是多么无足轻重、转瞬即逝。

在仰望星空的半个多世纪里，马克却发现自己离地球越来越近，这是一个不断接近谦卑的过程。他曾经是个想要飞离地球的孩子，艰难地学习理解人与科学之间的复杂关系，到中年意识到人与地球生态不可分离的相互依赖，如今一面仰望星空，一面试图唤醒更多人来拯救地球。马克的故事里没有戏剧性的尖叫、闪光灯和红地毯，但充满了真诚的激情和醒悟的愉悦。对那些寻求智慧的人来说，人生里没有比这更值得的东西了。

（文 / 覃里雯）

科学精神内核

马克·麦考林的童年正值人类满怀雄心地探索宇宙的时代。那时，人类第一次飞入太空，第一次降落在月球。像很多同龄的孩子一样，马克从小也梦想成为一名宇航员。这份激情驱使他加入了童子军，在那里学会了驾驶飞机。1979 年，他进入爱丁堡大学学习天体物理学，开启了自己的科学生涯。

在他从事天文学研究的初期，红外天文学是一个热门研究领域。年轻的马克很幸运地参与研发了天文学研究领域早期的红外相机，将其用于观测宇宙中的低温和尘埃区域，见证了很多人类前所未见的宇宙现象。在几十年的天文观测中，这些异乎寻常的宇宙现象经常令他震惊。每个新发现都让他激动不已，强烈地感到自己作为人类的一员，与宇宙中的某些事物产生了连接。对一个充满激情的人而言，这是宇宙给他的独特奖赏。

后记

从 QQ 诞生的第一天起，腾讯就与青少年群体建立了紧密的连接。今天，数以亿计的青少年伴随着互联网和数字科技的发展成长起来。我们越来越清楚地意识到，如何培养青少年良好的网络与科技素养，让技术成为青少年健康成长的助力而不是阻力？如何通过数字课堂和网络教育，启发他们把数字科技用于向善的创新活动，为现实世界带来福祉？如何让他们获得更多机会走近杰出科学家，受到科学精神的熏陶和感召，让科学探索成为青少年追逐的新时尚？随着年轻的“数字原住民”群体的不断增长，这些问题的重要性迅速提升。本着“用户为本，科技向善”的使命愿景，腾讯把引导青少年群体的健康成长视为自身重要的责任。

从 2013 年开始，腾讯每年邀请全球优秀科学家来“腾讯科学 WE 大会”分享科学故事与探索经历。我们发现，参会观众中的青少年越来越多，他们对科学家的讲述满怀期待，对科学世界充满了好奇。有的观众从中学到大学都是“腾讯科学 WE 大会”的忠实粉丝；有的孩子带着自己精心准备的问题而来，而家长为了让孩子听得更明白，也提前做足了功课；有的家长甚至告诉我们，让孩子近距离接触科学家很有意义，哪怕只是看到科学家的后脑勺也好……我们深受触动，为此我们从 2019 年起开设“腾讯青少年科学小会”，着力让越来越多的优秀科学家走近青少年，让科学成为新时尚。

过去 8 年，我们邀请了超过 100 位优秀科学家来到我们的舞台。除了一年一度的“腾讯科学 WE 大会”和“腾讯青少年科学小会”不断给大家带来精彩的分享，我们仍希望这个平台能够把有价值的探索启发和有生命力的精神传承沉淀下来，让更多的孩子能够受到科学故事的激励和科学精神的感召。这正是我们启动这本书的原因。

物理学家居里夫人曾经亲自给孩子们做科学启蒙，他们中不少人成长为顶尖科学家；数学家陈景润在中国家喻户晓，他的成果和故事影响了一大批中国科学家，大家可以在张益唐和常进的故事中读到这种传承。我们希望，通过老中青三代、十位中外科学家的成长故事，让更多的家长了解如何在孩子成长过程中呵护他们的想象力与好奇心；让更多的孩子看到，“成为科学家”的梦想像一粒种子，只有早早种下，不断浇灌，不懈努力，它们才能发芽长大……

本书能在疫情期间如期完成，需要感谢的人非常多，尤为感谢多位中外科学家的大力支持，他们挤出宝贵的时间接受采访，无私分享许多过往和感想，有年少时或温馨或清苦的经历，也有低落、迷茫的时刻，更多的是沉浸在科学探索中的喜悦。

感谢科学家们的家人、朋友、同事、同行、学生欣然接受采访、提供资料、核实信息，特别感谢美国国家科学院院士路易斯·米勒，中国中医科学院中药研究所廖福龙、袁亚男，广州呼吸健康研究院苏越明，以及中国科学院高能物理研究所娄辛丑、曹俊、陈刚、沈肖雁、庄红林、杨长根、温良剑、贾英华等老师的帮助。

感谢未来科学大奖组委会的支持，让我们与未来科学大奖数学与计算机科学奖 2017 年获奖人许晨阳教授、未来科学大奖物质科学奖 2019 年获奖人王贻芳院士有了更加充分的交流。

感谢非虚构创作团队“故事硬核”的精心采写。本书写作及编辑团队成员包括杜强、林珊珊、张瑞、刘洋，还有作家覃里雯、特稿记者初子靖、张明萌、李冰清等。他们都对素常低调的科学家群体充满兴趣，用心完成了大量的准备工作和详尽的采访，其中，覃里雯在荷兰面对面采访了欧洲航天局科学与探索高级顾问马克·麦考林，真正面对面的交流拥有不可替代的力量。

感谢瑞典艺术家尼克拉斯·埃尔梅赫德为书中科学家设计、绘制出栩栩如生的肖像画，传递出科学家们的独特风采。

感谢中国科学院国家天文台研究员、教科版义务教育《科学》教材主编、卡尔·萨根奖获得者郑永春，中国科学技术出版社科学人文分社副社长鞠强对本书的审定，让本书更加准确、客观。

感谢中信出版社副总编辑、漫游者分社负责人李穆及其团队的努力，尤其是主编上官小倍与我们多次沟通种种细节，以及许可、杨杉杉、王岚、侯明洁、刘坤的共同付出，让本书能以更高的品质与读者见面。

感谢腾讯青年发展委员会名誉主席马化腾、腾讯集团副总裁程武的大力支持。感谢腾讯青年发展委员会副主席李航、腾讯集团市场与公关部副总经理刘岚为本书提供了方向性的指导，腾讯集团研究中心宋达、付涛、马芳、徐可、沈玮等参与了约访、组稿的全过程，张韩腾、王彦铠、代凌燕、林汶、李珊珊、卫安祺、林炤、张敏、张弛、马骏豪等在图书出版过程中通力合作，一起克服了许多困难。我们在本书策划过程中尽可能精益求精，如有错误偏差之处，还望读者指出并海涵。

本书还将随“知识星光”公益计划和腾讯志愿者协会青少年科技教育发展分会等公益项目捐往乡村小学。“知识星光”公益计划由微信支付与腾讯公益慈善基金会共同发起，为乡村小学捐建星光图书角，把优质课外书、阅读空间一起带给那里的少年儿童，并为乡村小学教师提供阅读培训。腾讯志愿者协会青少年科技教育发展分会由腾讯志愿者协会和腾讯青少年科技学院联合发起，以培养青少年面向未来的科技与人文素养、技术与创新能力为目标，以腾讯员工志愿行动为依托，搭建青少年科教公益项目。

青少年是科技创新和人类文明进步的先锋。本书是腾讯为青少年打造的科学内容之一，我们还将继续与各界携手共创、传播优质科学内容，希望能“点亮”更多青少年的科学梦，引导他们以科学家为榜样、以科学探索为时尚，在十年、二十年甚至三十年后“点亮”人类的未来。

腾讯青年发展委员会

参考资料

1 屠呦呦　青蒿素的发现之旅

[1]《屠呦呦传》编写组. 屠呦呦传 [M]. 北京：人民出版社，2015.

[2] 饶毅，张大庆，黎润红，等. 呦呦有蒿——屠呦呦与青蒿素 [M]. 北京 : 中国科学技术出版社，2015.

[3] 张剑方. 迟到的报告——五二三项目与青蒿素研发纪实 [M]. 广州：羊城晚报出版社，2006.

2 钟南山　敢医敢言

[1] 叶依. 你好，钟南山 [M]. 广州：广东教育出版社，2020.

[2] 钟南山. 钟南山院士集 [M]. 北京：人民军医出版社，2014.

[3] 魏东海. 钟南山——永远的青春之歌 [M]. 广州：中山大学出版社，2003.

[4] 金焱. 知识分子钟南山 [EB/OL].http://www.lifeweek.com.cn/2003/1229/7594.shtml.

[5] 探索：中国人物志——钟南山 [EB/OL] .https://www.iqiyi.com/w_19rr1c2nlp.html.

3 张益唐　数学天才和他孤独的二十年

[1] 张盈唐. 我的哥哥我的家：张益唐的妹妹深情回忆 [EB/OL].http://www.zhishifenzi.com/depth/character/480.html.

[2]Alec Wilkinson. The Pursuit of Beauty[J].New Yorker,2018,02.

[3] George Paul Csicsery. Counting from Infinity: Yitang Zhang and the Twin Prime Conjecture[EB/OL].https://www.bilibili.com/video/av2411209.

[4] 季理真，翁秉仁. 张益唐在台北接受季理真专访 [EB/OL].http://www.lailook.net/kjrs/04/2013-08-01/22094.html.

7 颜宁　独属于科学家的奖赏

[1] CCTV-1 综合频道《开讲啦》（20160910），颜宁：女科学家去哪儿了？[EB/OL].http://tv.cctv.com/2016/09/11/VIDEaU2FqXsmvGM9gveeKsZR160911.shtml.

[2] 王丹红. 清华大学教授颜宁：专心致志做事 自由自在做人 [EB/OL].http://news.sciencenet.cn/htmlnews/2011/3/244707-1.shtm.

[3] 科技百老汇. 和颜宁唠嗑：不纠结——FM103.9 电台专访文字实录 [EB/OL]. https://mp.weixin.qq.com/s/bwMeX9ev0xCoW0IGRG42Kw.

[4] 奴隶社会. 我和颜宁这些年……[EB/OL]. https://mp.weixin.qq.com/s/3SG9V9fPAjei6xM06CkT5A.

[5] 颜宁的新浪微博，https://weibo.com/nyouyou.

[6] 颜宁的科学网博客，http://blog.sciencenet.cn/u/nyouyou.

8 许晨阳　天才的责任

[1] 北京大学国际数学中心. 许晨阳教授的两篇论文被 Annals of Mathematics 接受 [EB/OL].http://pkunews.pku.edu.cn/xwzh/2013-12/04/content_280218.htm.

[2] 新华社. 中英数学家破解“卡勒-爱因斯坦度量”存在性之丘成桐猜想 [EB/OL].http://www.gov.cn/xinwen/2014-05/14/content_2679615.htm.